KB195541

키스를 멈추지 않을 거야

고전 속 퀴어 로맨스

숀 휴잇 지음

루크 에드워드 홀 그림

김하현 옮김

키스를 멈추지 않을 거야
고전 속 퀴어 로맨스

발행일 · 2025년 2월 15일 초판 1쇄

지은이 · 숀 휴잇
옮긴이 · 김하현
그림 · 루크 에드워드 홀
펴낸이 · 정무영, 정상준
펴낸곳 · ㈜을유문화사

창립일 · 1945년 12월 1일
주소 · 서울시 마포구 서교동 469-48
전화 · 02-733-8153
팩스 · 02-732-9154
홈페이지 · www.eulyoo.co.kr

ISBN 978-89-324-7537-0 03100

I

이 세상이 봄으로 접어들며 꽃으로 타오를 때
에로스도 때맞춰 깨어난다.
그리고 키프로스에서 인간 세상으로 넘어가
땅에 씨를 뿌린다.

II

소년이여, 너는 말과 같구나.
이미 씨앗을 물리도록 삼키고서
솜씨 좋은 기수와 탁 트인 초원, 수정처럼 맑은 개울, 그늘진
숲을 찾아 나의 마구간으로 돌아왔구나.

테오그니스, 『애가』

일러두기

1. 인명, 지명 등의 외래어 표기는 기본적으로 국립국어원의 외래어 표기법을 따랐으나,
   일부 관례로 굳어진 표기는 예외로 두었다.
2. 책은 『 』, 한 편의 시나 글은 「 」로 표기했다.
3. 본문의 고딕체는 원서에서 이텔릭체로 강조한 부분이다.
4. 본문의 각주는 옮긴이 주다.

프롤로그

숀 휴잇

이 책의 시작을 연 고대 그리스 시인 테오그니스의 짧은 서정시 두 편을 통해 고대 지중해 세계를 언뜻 들여다볼 수 있다. 첫 번째 시에서는 꽃이 만발하는 봄날에 사랑과 욕망이 함께 피어난다. 땅을 가로지르는 사랑은 신비롭고 신성하다. 두 번째 시에서 소년은 육체적 흥분으로 달아오른 말처럼 연인에게로 다급히 되돌아온다. 이 시들은 노골적이며 섬세하다. 퀴어함을 그저 인정하는 데서 더 나아가 삶의 엄연한 일부로 표현했던 오래전의 세계를 보여 준다. 성애는 자연 현상과 함께 벌어지고, 자연이 격정을 다스린다. 만물이 갈망으로 가득하므로 우리 인간 역시 마땅히 그러하다.

주변 세상에 자기 모습이 반영되지 않을 때 다른 세상을 찾는 것은 자연스러운 행동이다. 외로움을 느낄 때 연결되기를 바라는 것은 자연스러운 행동이다. 우리 모두가 과거를 찾는다. 그러나 과거를 돌아볼 때 그 안에서 자신의 모습을 발견하지 못한다면 어떻게 될까? 퀴어 없는 세상이란 거짓 개념이며, 그 역사에 군데군데 구멍이 난 것은 우연이 아니다. 그러나 역사는 과거 그 자체가 아니라 과거가 쓰인 방식일 뿐이다. 더 가까이서 더 오래 들여다보면 처음에는 새까만 하늘처럼 보이던 것이 어느새 수많은 별자리로 반짝이기 시작한다.

퀴어에게 과거를 되찾는 행위는 종종 과거를 발견하는 행위이기도 하다. 엄중한 외설 행위, 즉 동성애로 재판대에 선 오스카 와일드가 플라톤과 미켈란젤로, 셰익스피어의 사랑을 언급한 것은 전혀 놀랍지 않다. 역사와 문화는 재판의 청중이 알던 가장 위대한 작품들을 낳은 유구한 퀴어 사랑의 증거였다. 그 황금줄을 다시 붙들어 자신을 후계자의 자리에 앉힌 와일드의 행동은 대담하고 무척이나 감동적이었다. 재판장에 앉아 있던 수많은 사람이 자기도 모르게 박수갈채를 보냈다.

와일드가 언급한 인물들의 이름은 여러분에게도 익숙할 것이다. 나는 여기에 몇몇 인물과 작가의 이름을 추가하고자 한다. 그 목록은 길고 찬란하다. 모든 퀴어에게는 이런 동일한 과거가 있고, 모두가 그 과거를 물려받을 자격이 있다. 법정에서 돌연히 터져 나온 박수갈채는 생득권을 멋지게 되찾는 모습을 목격하는 것이 어떠한 경험인지를 언뜻 보여 준다. 그러한 경험은 우리를 압도하고, 그 힘은 널리 공명하며 울려 퍼진다. 바로 이것이 내가 고대 세계의 퀴어 이야기를 읽으며 경험한 급진적이고 계시적인 느낌이다. 나는 내가 역사의 캄캄한 조류에 내쫓긴 것이 아니라 황금배를 타고 항해하고 있음을 안다.

십 대 시절 오스카 와일드의 발언을 처음 읽었을 때 이 세상과 그 안에서의 내 자리는 영원히 바뀌었다. 나는 사람들 눈에 보이지 않는 보석의 저장고를 발견했다. 약동하는 당당한 삶이 내게 손짓하며 소속감을 약속하고 있었다. 학교에서 고대 그리스 문화의 속삭임을 들었을 때는 마치 아무도 모르는 비밀을 듣고 있는 것 같았다. 그 역사의 단편들은 유혹적이고 신비하고 황홀했다. 나는 증거를 최대한 많이 모으며 퀴어 영웅들을 찾아내고 그들의 이야기 속에서 스스로를 이해했다. 제일 처음 만난 인물은 내 신체 부위의 이름으로 알고 있었던 전사 아킬레우스였다. 나는 무려 내 뒤꿈치에 있는 힘줄을 통해 전에는 아무도 들려주지 않았던 퀴어 이야기와 연결되었다. 내 뒤꿈치는 아킬레우스의 뒤꿈치와 똑같았고, 내 몸이 신화를 계승했다.

다른 흔적 속에서도 이 은밀한 역사를 발견했다. 그 황금줄은 우리 문화의 퀴어 개념에 꿰매져 있다. 예를 들어 '사픽'*, '레즈비언', '앤드러자인'** 같은 단어들은 모두 고대에 뿌리를 두고 고대와 관련된 의미를 담고 있다. 여러분은 이 책에 실린 이야기를 읽으면서 퀴어의 사랑과 욕망이 고대 세계 도처에 누벼진 다양한 방식을 발견하게 될 것이다. 그 이야기들은 돌에 새겨져 있고, 꽃과 동물 사이에 놓여 있고, 모든 문화의 역사와 상상력을 빚어낸 서사시 속에서 동등하고 핵심적인 부분을 차지한다.

오늘날 이러한 고전을 읽으면 아주 현대적인 질문이 떠오른다. 우리는 누구의 사랑을 상상하는가? 누구에게 욕망을 부여하는가? 누구에게 불멸이라는 선물을 부여하는가? 내면의 영혼과

* Sapphic. 여성 동성애자
** Androgyne. 양성적인 특징을 모두 지닌 사람

더 잘 어울리게끔 몸을 바꿀 수 있는가? 우리 시대의 이러한 질문들을 품고 고대의 이야기를 따라가다 보면 새로운 경로와 새로운 과거, 앞으로 나아가는 새로운 방법이 보인다. 그리고 우리 시대의 엄숙주의를 완전히 뒤엎는 새로운 세상을 발견하게 된다. 고대 그리스·로마인의 생동감 넘치는 솔직함은 여전히 편협하기만 한 우리의 대중적 관점을 조롱한다.

그러나 늘 그렇듯 상황이 그리 단순하지만은 않다. 이 책에 실린 글들은 아름다움과 동지애, 욕망에 관한 다양한 담론을 소개하지만 그중에는 현대의 진보적 사고에 그리 깔끔하게 동화되지 않는 것들도 있다. 로마와 그리스 세계 양쪽에 다양한 젠더 역할과 젠더 정체성이 등장하긴 해도 구별 없이 전부 칭송받는 것은 아니다. 이 새로운 형태의 고전을 읽으면서 여러분은 현재의 언어와 지식을 과거에 적용하려고 애쓸지도 모른다. 우리가 자기 정체성을 표현하는 용어들을 과거에 대입하기란 쉽지 않은데, 각 용어에 고유한 역사적 맥락이 있기 때문이다. 그러나 고대인에게 오늘날과 같은 개념(게이, 바이섹슈얼, 퀴어, 트랜스)이 없었을지는 몰라도, 인간성의 본질로 말미암아 우리는 연관성을 찾게 되고, 당연히 신중하게 연결고리를 이을 수 있다. 고대의 이야기들은 소년이 소녀로, 소녀가 소년으로 변한 신성한 일화를 소개하고, '앤드러자인'과 '자웅동체'에 주목하며, 고대 사회에서 성적 욕망과 정체성 중 일부는 용인하고 일부는 억압한 방식을 살핀다.

물론 섹스와 욕망이 재현될 때는 언제나 판타지와 응시의 권력관계를 고려해야 하며, 여성과 젠더 비순응자, 하층 계급이 이 이야기를 어떻게 받아들였을지는 파악하기 어렵다. 예를 들어 마르티알리스의 『풍자시』에는 인상적인 두 부치 여성 필라이니스와 바사가 등장한다. 마르티알리스는 두 사람의 힘에 매혹되면서도 그들이 남성을 거부한다는 사실을 비난하려 한다. 흥분과 짜증을 동시에 느끼는 것이다. 현대의 독자로서 우리는 과거의 퀴어 세계를 엿보는 내내 이 세계의 뼈대를 이루는 여성혐오를 자각한다. 또한 현대 남성의 시선에서 이와 비슷한 경향, 즉 여성 섹슈얼리티를 향한 공포와 결합된 여성 대상화를 인식한다.

　퀴어 여성의 사랑은 그리스와 라틴 고전 문학에 남은 기록이 훨씬 적다. 젠더 비순응자와 퀴어 여성이 등장하는 새로운 형태의 이야기를 소개하는 이 책에서조차 퀴어 여성에 대한 이해는 대개 단편적이다. 사포의 약동하는 시들은 사랑하는 여성에게 바치는 찬가이며, 폼페이의 벽에 남은 희귀한 시는 돌에 새겨진 기록과 노래를 통해 여성들의 욕망과 관계가 후대에 전해진 방식을 잘 보여 준다. 이집트의 파피루스에서 발견된 사랑의 주문은 에너지와 격정으로 가득한 여성 욕망의 주술적 깊이를 드러내며, 오비디우스의 『변신 이야기』에 등장하는 이피스와 이안테 이야기는 젠더 역할과 여성 간의 사랑을 탐구한다.

　이 글들은 관점과 반응이 각기 다양하므로(각 이야기는 풍자와 토론의 렌즈를 통해, 실제나 가상의 시간을 뛰어넘어 전달된

다) 무엇이 인정되고 무엇이 처벌되고 있는지 논의할 여지가 생긴다. 고대 세계는 완벽한 거울도 아니고 단순한 이미지를 전달하는 거울도 아니다. 계급과 젠더, 성적 취향은 오늘날처럼 그때도 온전한 자유와 수용을 가로막는 장애물로 여겨졌다. 관건은 이 이상화된 사회의 불완전함과 다름을 인식하면서 동시에 그들의 열렬한 노래를 한껏 즐기는 것이다.

이 책에서 여러분은 감동받고 칭송받는 한편 그만큼 당혹스러울 것이다. 독자와 글 사이의 거리가 애탈 만큼 가까운 순간도 있고, 충격적일 만큼 먼 순간도 있다. 중요한 점은 우리가 이 글들을 전혀 검열하지 않았다는 것이다. 많은 글이 현대판에서 삭제된 전력이 있지만(예를 들면 여성 간의 욕망을 그린 마르티알리스의 '외설스러운' 풍자시가 그렇다) 우리는 그 글들을 그 모든 지저분한 영광 그대로 이 책에 실었다.

이 글들을 읽으면서 대개 비극으로 끝나는 이야기에서 사랑하는 사람이 신들의 세상에 편입되고 그들의 신체 형태가 매년 다시 피는 꽃이나 인간보다 훨씬 오래가는 별자리로 변하는 경우가 정말 많다는 생각이 들었다. 그들의 퀴어함과 영속성은 신화와 기원 설화에 담겨 있고, 이로써 우리는 주변 세계를 욕망과 갈망, 헤어진 연인이 느끼는 깊은 슬픔의 산물로 바라볼 수 있다. 이야기 속 인물들은 신에게, 신들의 열정에, 자연의 변화하는 계절에 감동한다. 여성은 꽃으로 변하고 자신의 갈망을 돌에 새긴다. 남성은 자신의 눈물을 꽃잎에 새기고 후끈한 대중목욕탕을 찾고 옛 연인의 무덤에서 자라난 나무의 가지를 깎아 딜도를 만든다. 인간과 쓰라린 사랑에 빠진 신들은 비통해하며 그들을 별자리로 만든다. 이런 식으로 퀴어의 사랑은 풍경과 하늘에 아로새겨져 이 세상과 깊이 연결되어 있고, 긴 세월을 뛰어넘어 밝게 빛나는 열망의 끈을 이어 가고 있다. 퀴어의 역사가 계속해서 무더기로 삭제되고 있다는 사실, 그 기록이 당혹스러울 만큼 침묵에 싸여 있다는 점을 고려하면, 구석구석 퀴어함이 흐르는 먼 옛날의 세상을 바라보는 것은 매우 뭉클한 경험이다.

이 작품집에서 여러분이 로맨스와 기쁨, 비극, 슬픔, 욕망을 발견하고 퀴어함의 원형 신화와 다시 연결될 수 있기를 희망한다. 이 세계는 유토피아가 아니지만 인간과 신의 풍성한 다채로움을 뻔뻔할 만큼 당당하게 인정한다. 하얗게 빛나는 해안과 깊고 울창한 숲에는 찬미의 공간, 격렬한 욕정의 춤을 출 공간이 있다. 히아신스에 퀴어의 사랑이 새겨져 있고 하늘의 별이 불멸하는 퀴어의 욕망이라면, 영웅과 성 노동자, 신과 반신이 등장하는 이 이야기들을 읽으며 여러분이 세상을 바라보는 방식도 변할지 모른다. 그들의 생생한 합창은 미래를 예언하기도 하고 시간에 묶여 있기도 하며, 쓸쓸하면서 동시에 다채롭다. 우리는 이 책을 통해 처음으로, 고대인의 눈부신 퀴어 에너지를 이미지와 이야기에 담아, 수천 년의 세월을 뛰어넘어 소중한 보물처럼 여러분의 손에 건네고자 했다.

가니메데스와 제우스

오비디우스, 『변신 이야기』

호메로스는 가니메데스를 세상에서 가장 아름다운 인간으로 묘사했다. 신들은 가니메데스의 빛나는 미모를 즐기려고 그를 납치해 올림포스산으로 데려왔다. 가니메데스와 제우스 신화―가장 강력한 신이 어린 목동을 납치한 이야기―는 그리스의 소년애 관습(성인 남성과 미성년 남성의 연인 관계)의 원형을 이루며, 독수리로 변신해 가니메데스를 납치하는 제우스의 모습은 그간 수없이 다양한 방식으로 묘사되었다. 어떤 작품에서는 가니메데스의 개들이 구름 그림자를 향해 짖어 대며 그를 다시 땅으로 불러오려 한다. 렘브란트의 그림에서 가니메데스는 무시무시한 독수리가 자기 팔을 움켜쥐자 무서워서 오줌을 싸는 어린아이로 그려진다. 미켈란젤로의 가니메데스는 독수리에게 결박당한 근육질 청년이며, 독수리는 완력과 폭력의 소용돌이 속에서 가니메데스 위에 올라탄 채 그를 하늘로 힘겹게 끌어올리고 있다. 오비디우스는 이러한 폭력을 자세히 묘사하지 않고 이야기의 윤곽을 간략하게 설명한다. 그가 라틴어로 쓴 다음 글에서는 제우스 대신 로마의 제우스로 여겨지는 신 유피테르가 등장한다.

신들의 왕 유피테르는 한때 가니메데스라는 이름의 청년을 보고 뜨거운 사랑에 빠졌다. 유피테르는 어떤 모습으로 변신할지 고민하며 세상을 둘러보다가 한 마리 새를 발견했다. 그러나 그 새는 참새가 아닌 독수리여야 했다. 독수리만이 유피테르의 강력한 번개를 견딜 수 있었다. 그렇게 유피테르는 가짜 날개를 달고 하늘의 갈라진 틈 사이로 순식간에 하강해 잘생긴 소년을 납치했다. 유노가 분노했지만 현재 그 소년은 신들의 음료인 넥타르를 만들어 유피테르의 컵에 따르는 일을 하고 있다.

어느 목동의 노래

베르길리우스, 『목가』

이 푸릇푸릇하고 사랑 가득한 시에서 베르길리우스는 목동 코리돈을 소개한다. 그는 알렉시스라는 잘생긴 청년을 향한 욕망 때문에 제정신이 아니다. 열 편의 시로 이루어진 『목가』는 그리스 전원시를 본뜬 것이지만, 베르길리우스의 『목가』는 정치적이거나 이 시에서처럼 성적인 기류가 흐른다. 『목가』에는 노래하는 목동이 잔뜩 등장한다. 실제로 이 시들은 로마에서 인기리에 공연되었고, 이 시에서도 그 극적인 특징을 느낄 수 있다. 독자는 알렉시스를 만난 적 없이 그의 모습을 상상하게 되고, 가수인 코리돈은 우리 독자 앞에서 풍요로운 여름 풍경과 자신의 연애사를 묘사한다. 햇빛이 쏟아지고 수풀이 무성하며 과일이 주렁주렁 달린 비옥한 주변 세상과 달리 코리돈은 애인 없이 혼자이며, 그의 갈망과 말 없는 알렉시스가 대조를 이루면서 부재에서 비롯된 강렬한 비통함을 자아낸다.

오, 코리돈은 알렉시스를 향한 사랑으로 달아올랐네.
그의 팔다리, 그의 심장이 공상 속에 뜨겁게 타오르고,
희망 없이 남은 새까만 재를 식혀 준 것은 오로지
언덕 위 울창한 너도밤나무 숲과 시원한 그늘이 주는 위안뿐.

가여운 목동은 매일매일 숲속을 걸으며
듣는 이를 애타게 바라는 마음으로
지친 노래를 뽑아낸다네.

"알렉시스, 내 목소리가 들리나요?
그대가 대답하지 않는다면 언젠가 내 마음의 용광로는
새까맣게 타 버릴 것입니다.
분명 나는 상사병으로 죽게 되겠지요.
늦은 오후입니다. 소들은 나무 그늘을 찾고
도마뱀들은 덤불 속으로 피신해 열기를 식힙니다.
햇볕에 새까맣게 탄 지친 농부들은 산마늘과 타임으로
피부를 달랩니다. 그러나 그대는 이곳에 없네요.
그대의 발자국을 따라 몇 시간이고 수풀 속을 헤맸지만
이 뜨거운 날에 들리는 것이라고는
매미와 나의 목소리뿐.
제발 내 말을 들어 봐요.
어쩌면 나는 다른 연인에게 만족해야 했을지도 모릅니다.
어쩌면 아마릴리스의 투정과 비난을 견디거나,
그대의 미모에 한참 못 미치는 메날카스에게 만족해야
했을지도요.
그러나 알렉시스, 기억하세요.
쥐똥나무의 새하얀 꽃도 지고,

짙은 히아신스도 꺾인다는 것을…

알렉시스, 그대는 나를 깔보지만
내게는 시칠리아의 언덕을 떠도는 양 천 마리가 있고
여름에도 겨울에도 당신 말고는 부족함이 없습니다.
나는 아라킨투스의 산비탈에서 소 떼를 불러 모으던
암피온처럼 노래할 수 있어요.
게다가 내가 보기엔 나도 꽤 잘생겼다고요.
적어도 며칠 전 바람이 잦아들어
잔잔해진 바다를 들여다봤을 땐
물에 비친 얼굴이 마음에 들었지요.
우리가 이곳에서 함께 살면 어떨지 상상해 봐요, 알렉시스.
이 거친 들판에 있는 작은 집에서
우리 둘이 사슴을 사냥하고,
아욱꽃이 핀 푸른 초원으로
양 떼를 모는 거예요.

이곳에서 당신은 판처럼 숲속을 노래로 가득 채울 거예요.
아아, 당신의 도톰한 입술에서 나오는 음악이
귀에 들리는 것만 같아!
내게는 독미나리 줄기로 만든 피리가 있어요.
다모이토스가 죽기 전에 내게 준 것이지요.

'그대가 이 피리의 두 번째 연인이 되게나'라고 말하면서요.
그래서 아민타스가 나를 질투했지요.
알렉시스, 내게는 그대를 위해 아껴 둔 노루 두 마리도 있어요.
험난한 골짜기에서 찾은 놈들인데, 옆구리에 새하얀
점무늬가 있답니다.
아직 새끼라서 암양의 젖을 먹이고 있어요.
이놈들도 알렉시스 그대의 것이에요.
그대가 내게 와 주기만 한다면.

오, 나의 사랑, 여기로 와요. 봐요!
님프들이 그대를 위해 꽃을 가져오고 있어요.
백합이 가득한 바구니를 들었어요.
나이아드가 그대를 위해 붓꽃과 양귀비,
노란 수선화와 회향을 땄어요.
꽃에 카시아와 허브, 블루베리와 마리골드를 엮는 걸 봐요.
나도 그대를 위해 연하고 부드러운 모과 열매를 딸 거예요.
아마릴리스를 사랑했을 때 그랬던 것처럼
밤도 딸 거예요. 너, 잘 익은 자두도,
그리고 너, 월계수 가지도, 그리고 너, 머틀도.
오 코리돈, 이 바보 같은 놈!
알렉시스가 네게 관심이 있다면, 그건 선물 때문이 아니야.
어차피 선물이라면 이올라스를 이길 수 없다고.

망상이나 하는 멍청한 자식.
게다가 그 바보 같은 노래를 부르는 사이
바람이 네 꽃을 쓰러뜨리고
멧돼지가 네 수정처럼 맑은 샘을 짓밟았다고.

그대는 누구에게서 도망치나요?
파리스도 나처럼 숲속에 살았어요.
팔라스는 텅 빈 성에 혼자 살라고 해요.
나는 다른 어떤 곳보다 숲을 사랑해요.
이런 거예요, 알렉시스.
암사자는 늑대를 쫓고, 늑대는 염소를 쫓고,
염소는 꽃이 핀 클로버를 쫓고, 나는 당신을 쫓아요.
봐요, 쟁기가 부드럽게 밭을 갈고,
해가 기울어 황소 그림자가 두 배로 길어졌어요.
그런데도, 이렇게 노래를 불렀는데도,
내 몸은 여전히 사랑으로 타올라 검게 그을어요.
이 사랑에는 한계도, 위안도 없습니다.
아아, 코리돈, 아직도 이렇게 미쳐서 정신을 못 차리다니.
네 꼴을 봐. 덩굴의 반은 가지도 치지 않았고
느릅나무의 반은 웃자랐잖아.
왜 마음을 가라앉히지 못해?
왜 조금이라도 할 일을 끝내지 못해?

슬픈 목동이여, 알렉시스가 오지 않는다면
분명 다른 짝을 찾을 수 있을 테지."

벽에 적힌 비가

『라틴어 금석문 모음집』

이 낙서—여성 화자가 여성 연인에게 사랑을 전하는 고대 로마의 시 중 지금까지 보존된 드문 작품—는 폼페이의 한 통로에서 발견되었다. 이 시가 운율에 맞춰 정갈하게 새겨져 있던 회반죽 벽은 현재 나폴리의 국립 고고학 박물관에 전시되어 있다. 이 시는 원작자가 아니라 시를 전해 듣고 기억해 두었다가 어딘가에 적어 놓고 싶었던 사람이 벽에 새긴 것으로 보인다.

이 비가의 마지막 이미지는 오바드aubade와 유사하다. 오바드는 떠오르는 태양을 맞이하며 밤이 지나갔음을 슬퍼하는 새벽의 연가로, 침대에 누워 있던 두 연인은 이제 헤어져서 각자의 길을 가야만 한다. 많은 독자가 이러한 형식에서 르네상스 시기의 서정시를 떠올리겠지만, 그 특정한 순간—빛과 어둠 사이, 사적인 친밀함과 공적인 삶 사이의 한순간—은 이 시에도 섬세하게 표현되어 있다.

오, 당신의 두 팔을 내 목에 두르고
당신의 부드러운 입술에 천 번의 키스를 퍼부을 수만
있다면—
그러나 가세요, 나의 귀염둥이, 당신의 행복을 내던져

버려요…

내 말을 믿어요, 남자들은 변덕스러운 족속이에요.

나는 종종 한밤중에 잠에서 깨어나 상념에 잠기고

행운의 은덕을 입은 모든 이들을 떠올려요.

그러나 행운은 이윽고 그 귀염둥이들을 다시 팽개쳐 버리죠.

봐요, 지금도 베누스가 두 여인의 몸을 합쳤는데

어느새 햇살이 찾아와 둘을 비틀어 떼어 놓잖아요…

스리섬 이야기

루키아노스, 『창부들의 대화』

성 노동자들이 나눈 이 대화에서 한 여성이 메길라와 그녀의 아
내 데모나사와 함께한 스리섬 이야기를 풀어낸다. 우리 독자는
메길라를 부치, 또는 본인이 레이나에게 설명한 것처럼 '남자의
마음과 욕망을 가진 여자'로 이해할지 모르지만, 메길라 본인의
설명은 창부들이 쓰는 언어를 벗어난다. 다른 글에서 메길라는
자신이 여성임을 전면 거부하고 또 다른 정체성을 드러내며, 최
근 학자들은 메길라를 트랜스 남성으로 이해하고 남성 명사로
지칭해야 한다고 제안하기도 한다. 이러한 제안은 분명 적절해
보이지만, 여기서는 원문의 복잡성을 온전히 담아내기 위해 '그
녀'라는 표현을 그대로 유지했다. 레이나가 메길라를 정의 내리
려 하면 메길라는 틀에 갇히기를 거부하며 즉시 레이나의 말을
바로잡는다. 우리는 이 대화를 통해 로마인의 젠더 및 섹슈얼리
티 개념을 이해할 수 있으며, 젠더 이분법에 대한 저항을 느낄 수
있다.

　　로마인은 젠더가 생물학적으로 결정된다는 경직된 젠더관을
고수했고 아마도 메길라를 여성으로 해석했겠지만, 루키아노스
의 인물 묘사는 그러한 편협한 관점의 한계를 드러낸다. 이 대화
에서 또 하나 주목해야 할 점은 등장인물들이 성 노동은 아무 수

치심 없이 솔직하게 논하면서도 퀴어적 욕망은 부끄러워한다는 점이다. 이 이야기에서 클로나리온은 레이나에게 더 자세히 말해 보라고 재촉하고, 레이나는 자초지종을 설명하다가 자기 경험을 부끄러워하며 입을 꾹 다문다. 재미있고 섹시하며 자유분방한 장면이다.

클로나리온: 레이나, 너에 대한 이상한 소문을 들었어. 메길라, 그 레스보스에서 온 돈 많은 여자가 마치 남자처럼 너를 사랑하고, 또… 너와 그 여자가 그렇고 그런 짓을 한다는 거야. 뭐야? 얼굴 빨개진 거야? 그럼 그 소문이 사실이란 얘기네…

레이나: 맞아, 클로나리온. 하지만 난 너무 창피해. 자연을 거스르는 짓이었어.

클로나리온: 아프로디테의 이름으로, 레이나! 무슨 일이 있었는지 전부 말해 줘. 그 여자가 너한테 뭘 요구했어? 둘이서 뭘 했어? 설명해 줘!

레이나: [빨개진 얼굴로 말없이 두 발을 내려다본다.]

클로나리온: 그래, 날 사랑하지 않는구나. 날 사랑한다면 내

게 비밀은 없겠지.

레이나: 클로나리온, 그렇게 말하지 마. 나는 다른 여자들과 똑같이 너를 사랑해. 사실, 메길라는 꼭 남자 같아.

클로나리온: 무슨 말인지 모르겠어… 네 말은, 메길라가 일종의… 여자를 좋아하는 여자라는 뜻이야? 레스보스에 그런 여자들이 있단 이야기를 들었어. 남자처럼 생겼고 절대 남자와 동침하지 않는 여자들, 꼭 남자처럼 다른 여자들에게서 쾌락을 느끼는 여자들 말이야. 메길라가 그런 사람이야?

레이나: 응, 비슷해.

클로나리온: 아이, 참! 그렇게 짧게 대답하지 말고. 나는 남김없이 전부 알고 싶어, 레이나. 메길라가 너한테 어떻게 접근했어? 어떻게 너를 꾀어낸 거야? 그래서 결국 어떻게 됐는데?

레이나: 그게, 메길라와 코린트의 데모나사가 술판을 벌인 날이었어. 나를 불러서 노래로 분위기를 띄워 달라고 했어. 마지막 노래를 끝냈을 때 밤이 저물었고, 여자들은 취했고 나는 피곤했어. 그때 메길라가 나한테 다가와서 이렇게 말하

는 거야. "이리 와요, 레이나, 피곤해 보여요. 우리 둘 사이에 눕는 게 어때요?"

클로나리온: 그래서 그렇게 했어? 그다음엔 어떻게 됐어?

레이나: 먼저 두 사람은 나를 끌어당겨서 남자처럼 내게 키스했어. 입술로만 한 게 아니라 입을 벌려서 우리의 숨이 뒤섞였고, 내 몸을 끌어안고 가슴을 움켜쥐었어. 데모나사는 키스하면서 나를 살짝 깨물기까지 했고, 나는 그 상황을 어떻게 받아들여야 할지 몰랐어. 메길라는 뜨거운 몸을 내 몸에 꼭 붙이고 상기된 얼굴로 땀을 흘렸고, 곧 가발을 벗었어. 난 깜짝 놀랐어. 머리카락이 가짜일 거라곤 생각도 못 했는데, 가발 밑으로 드러난 머리가 마치 운동선수처럼 빡빡 깎여 있는 거야.

　메길라는 내가 충격받은 걸 알고는 이렇게 말했어. "레이나, 이렇게 잘생긴 남자를 본 적이 있나요?" "여기엔 남자가 없는데요, 메길라." 내가 대답했어. "나를 여자로 생각하지 말아요." 메길라가 말했어. "나는 오래전에 여기 있는 데모나사와 결혼했어요. 데모나사가 내 아내랍니다." 클로나리온, 나는 웃으며 말했어. "그렇다면 메길라, 난 지금까지 당신이 남자인 줄 모르고 있었네요. 아킬레우스가 여장을 하고 여자들 사이에 숨어 있었던 것과 비슷한 건가요? 아니면 남자들에게 있는 물건이 당신에게도 있나요? 데모나사 옆에서 남자 역할을 하나요?" "당신이 말하는 게 있지는 않아요." 메길라가 대답했어. "나에겐 페니스가 필요 없어요. 당신도 곧 알게 되겠지만 훨씬 기분 좋은 나만의 방법이 있거든요."

"사람들이 하는 말처럼 남자와 여자의 도구를 동시에 갖춘 자웅동체는 아니겠죠?" 클로나리온, 맹세코 나는 그때까지 무슨 일이 벌어지고 있는지 몰랐어. 그때 메길라가 말했어. "아니에요, 레이나. 나는 확실한 남자예요."

"그렇군요." 내가 대답했어. "이스메나도라라고, 내게 이런저런 이야기를 전해 주는 보이오티아의 플루트 연주자에게 들은 적이 있어요. 한 테베 사람이 여자였다가 남자로 변했다고요. 티레시아스라는 이름의 용한 예언자였어요. 그런 일이 당신에게도 일어난 건가요?"

"아니에요, 레이나. 나는 당신처럼 여자로 태어났지만 남자의 마음과 욕망을 가졌어요."

"정말 그 욕망만으로 만족하나요?" 내가 물었어.

"내 말을 믿지 못하겠다면," 메길라가 대답했어. "지금 증명할 수 있어요. 내게 기회를 줘요. 그러면 곧 내가 그 어떤 남자보다 더 훌륭하다는 사실을 깨닫게 될 거예요. 나한테 남자의 물건과 비슷하게 생긴 장난감이 있어요. 조금만 기회를 줘요, 내가 반드시 보여 줄게요."

그래서 결국 그렇게 하라고 했어. 하지만 그건 메길라가

애걸하면서 선물을 줬기 때문이야. 어여쁜 목걸이와 새하얀 리넨 드레스였어. 그래서 나는 남자한테 하듯이 메길라의 목을 끌어안았고, 메길라는 숨을 헐떡이고 쾌락으로 신음하며 내게 키스했어.

클로나리온: 그다음에 그 여자가 어떻게 했어? 어떻게 흘러간 거야? 전부 듣고 싶어, 레이나!

레이나: 이제 더 자세히 설명하라고 하지 마. 창피하다고! 아프로디테의 이름으로, 이 이상은 한마디도 하지 않을 거야.

아리스토파네스가 말하는 사랑

플라톤, 『향연』

플라톤의 『향연』(기원전 385~380년경)은 사랑의 기원에 관한 가장 유구한 신화 중 하나를 소개한다. 이 책은 연회에 참석한 유명인들의 연설 장면을 묘사한다. 참석자 중에는 소크라테스와 법 전문가인 파우사니아스, 의사 에릭시마코스와 더불어 희극 작가 아리스토파네스가 있다. 아리스토파네스는 다른 사람이 연설하는 동안 발작적으로 딸꾹질을 하다가 마침내 대화에 가세하고, 창조 신화를 제시하며 우리가 사랑하는 사람 또는 "우리의 반쪽"을 만났을 때 느끼는 온전함을 설명하고자 한다. 기괴하고 그로테스크한 내용에서 숭배와 조화에 관한 이론으로 이어지는 이 연설은 잊지 못할 빛나는 쾌거다.

먼저 여러분은 인간 본성의 역사를 알아야 합니다. 과거에 우리의 본성은 지금과 달랐기 때문이지요. 무엇보다 인간의 성별은 오늘날처럼 두 개가 아닌 세 개였습니다. 남성과 여성 외에 세 번째 성이 있었는데, 그 성별은 남성과 여성의 특징을 동시에 지니고 있었습니다. 이 제3의 성은 그 형태나 천성이 모두 양성적이었습니다. 이제 기억되는 것은 앤드러자인이라는 이름뿐이고, 그조차 모욕으로 쓰일 때가 많지요.

여러분에게 설명할 내용이 또 하나 있습니다. 인간의 몸은 등과 옆구리가 둥그렇게 이어지는 원의 형태였습니다. 팔다리가 네 개씩 있었고 원통형의 목 양쪽에 똑같은 얼굴이 두 개 달려 있었습니다. 두 얼굴은 반대 방향을 바라보고 있었고요. 귀도 두 개, 생식기도 두 개였습니다. 나머지는 여러분도 상상할 수 있겠지요. 그 인간은 우리처럼 직립 보행했습니다. 달릴 때는 팔다리 여덟 개를 전부 사용해서 날렵하게 움직였고, 재주를 넘고 몸을 수레바퀴처럼 굴리면서 공중제비를 돌기도 했습니다.

성의 종류가 이렇게 세 가지였던 데는 이유가 있습니다. 태양은 남성의 부모였고, 땅은 여성의 부모였으며, 달은 태양과 땅이 결합된 제3의 성의 부모였습니다. 이 인간들이 둥그런 모양에 원을 그리며 이동한 것은 제 부모를 닮았기 때문이었지요. 태양과 땅, 달의 자손들은 그 힘과 위력이 어마어마했고, 야심만만한 생각으로 신에게 맞서기 시작했습니다. 호메로스, 에피알테스와 옥투스가 우리에게 이야기한 바 있지요. 인간들이 천국의 문을 기습해 신들의 자리를 차지하려 했다고요.

제우스와 올림포스의 다른 신들은 방안을 논의하고자 한자리에 모였습니다. 그러나 누구도 어떤 방법이 가장 좋을지 판단하지 못했습니다. 거인에게 그랬듯 번개를 내리쳐 인간 종족을 말살할 수는 없었습니다. 어쨌거나 인간은 신에게 공물과 제물을 바치고, 인간을 죽이면 그런 명예까지 사라지니까 말입니다. 그러나 인간이 이렇게 패악질을 부리는데 앉아서 구경만 할 수는 없는 노릇이었지요.

그때 고심을 거듭한 제우스에게 아이디어가 하나 떠올랐습니다. "내게 계획이 있다." 제우스가 말했습니다. "인간의 힘을 약하게 만들 방법이 있다. 인간은 앞으로도 목숨을 부지하겠지만 너무 쇠약해져서 더 이상 배짱을 부릴 수는 없을 것이다. 내 계획은 인간을 모두 절반으로 자르는 것이다. 생각해 보라. 이렇게 하면 인간은 약해질 거고, 수가 두 배가 되니 쓸모도 더 많아질 것이다. 여전히 두 다리로 직립 보행할 수 있을 테니 그건 문제가 안 된다. 그런데도 계속 버릇없이 군다면 몸을 다시 절반으로 잘라서 하나 남은 다리로 폴짝폴짝 뛰어다니는 꼴을 보고야 말 것이다."

다른 신들도 괜찮은 방법이라고 생각했기에 제우스는 곧장 실행에 돌입했습니다. 사과를 쪼개고 철사로 달걀을 자르듯이 인간을 반으로 나눠 버렸지요. 그리고 아폴론에게 상처가 남은 쪽으로 인간의 얼굴과 갈라진 목을 돌리라고 명했습니다. 벌로서 모두가 자신의 잘린 몸을 바라볼 수 있도록 말입니다. 아폴론은 남은 상처를 치료했습니다. 그는 기다랗게 난 상처 위로, 오늘날 우리가 토르소라고 부르는 신체 부위 위로 온몸의 피부를 끌어당겨, 마치 끈으로 주머니 지갑을 졸라매듯 한가운데서 피부를 묶었고, 그렇게 오늘날 우리가

배꼽이라고 부르는 주름진 구멍이 하나 생겼습니다. 그러고 나서 구두장이가 가죽을 연마할 때 사용하는 것과 비슷한 도구로 나머지 피부를 매끈하게 폈습니다. 그러나 배꼽의 주름만은 남겨 뒀는데, 선대의 고통을 기억하라는 의미였습니다.

이제 본성이 둘로 나뉘었으므로 모든 인간은 나머지 반쪽을 그리워하며 서로에게 달려들었습니다. 신들은 인간이 서로를 부둥켜안고 몸을 섞으며 다시 결합해 하나의 생명체가 되기를 갈망하는 모습을 지켜보았습니다. 새로운 인간은 굶주림과 우울 때문에 죽어 나가기 시작했는데, 다른 한쪽 없이 살거나 무엇이든 홀로 해내려고 하는 자가 아무도 없었기 때문입니다. 한쪽이 죽을 때마다 남겨진 한쪽은 또 다른 반쪽을 찾아 자기 몸을 엮었습니다. 그렇게 새로 만나는 반쪽은 온전한 여성의 몸에서 잘린 절반(오늘날 우리가 말하는 '여자')일 때도 있었고 온전한 남성의 몸에서 잘린 절반일 때도 있었습니다. 어느 쪽이든 사람들은 계속 죽어 갔습니다.

이들을 지켜보던 제우스는 가여운 마음이 들었습니다. 계

획을 바꿔야 했고, 인간의 생식기를 몸 앞으로 옮기는 새로운 방안을 떠올렸습니다. 그전까지 사람들은 메뚜기처럼 땅 위에서 번식하고 축축한 흙에 자식을 낳았지만 이제 몸의 형태가 바뀌었으니 자기 몸의 온기를 사용할 수 있었습니다. 남성의 절반이 여성의 절반을 만나면 자식을 낳았습니다. 그리고 남성의 절반이 또 다른 남성의 절반을 만나면 적어도 서로의 안에 들어갔다는 기쁨과 안도감을 느끼고 다시 일터로 돌아가거나 다시 인생에 대해 사색할 수 있었습니다. 이런 식으로 인간에게 서로를 향한 사랑이 싹텄습니다. 인간은 욕망할 권리를 타고났고, 서로의 몸을 통해 그 욕망을 충족할 방편을 부여받았습니다. 이처럼 에로스는 먼 옛날의 인간 본성을 한데 모아 두 개의 반쪽으로 온전한 하나를 만듭니다. 이런 식으로 과거의 분열이 치유되는 것입니다.

그렇다면 우리는 모두 원래 인간의 절반일 뿐입니다. 우리는 넙치처럼 반으로 나뉘었고, 자신과 어울리는 반쪽을 찾습니다. 양성을 모두 지닌 제3의 성, 즉 앤드러자인에서 쪼개진 남자들은 여자를 욕망합니다. 이 남자들은 종종 간통을 저지르지요. 마찬가지로 남자에게 끌리고 간통을 저지르는 여자들도 제3의 성에서 쪼개져 나왔습니다. 온전한 남성에게서 갈라진 사람들은 자신이 남성이기 때문에 다른 남자들을 따라다니고, 어릴 때부터 남자들과 동침하고 남자의 품에 안기기를 원합니다. 이들은 본성상 가장 남자답고 가장 고귀한 사람들입니다. 누군가는 이들이 수치를 모른다고 말하지만 그 말은 틀렸습니다. 이들은 수치를 몰라서가 아니라 배짱과 용기, 남자다운 미덕을 지녔기 때문에 다른 남자를 찾는 것입니다. 이들은 자신과 비슷한 사람, 자신과 같은 자질을 공유하는 사람과 결합합니다. 이 남자들이 장성하면 종종 정계에 진출한다는 사실이 그 증거이지요. 성인이 된 이들은 어린 소년을 사랑하고, 어쩔 수 없이 그래야 하는 경우를 제외하면 결혼이나 자녀를 낳는 관습에 아무 관심이 없습니다. 이들은 기꺼이 결혼하지 않는 삶을 살며 자기들끼리 시간을 보냅니다. 따라서 이런 종류의 사람은 오로지 소년만을 사랑하고, 언제나 자신과 비슷한 부류를 찾습니다.

이처럼 소년을 사랑하는 남자들, 그리고 나머지 유형의 사람들은 자기 반쪽을 만나면 우정과 친밀감, 욕망에 휩싸여 한시도 서로에게서 떨어지려 하지 않습니다. 이들은 평생을 함께합니다. 다른 한쪽이 곁에 없으면 자신이 무엇을 원하는지도 모릅니다. 이 커플들이 서로를 사랑하는 이유가 오로지 섹스 때문이라고 오해할 사람은 아무도 없습니다. 이들의 영혼은 신성한 신탁처럼 형언할 수 없는 것을 노래하고 욕망합니다.

함께 누운 커플 앞에 헤파이스토스가 자기 장비를 들고 나타나 "그대들은 서로에게서 무엇을 원하는가?"라고 묻는 모습을 상상해 보십시오. 커플은 이 질문에 당황하고, 헤파이스토스는 말을 잇습니다. "두 사람이 같은 곳에 머물고 밤낮으로 떨어지지 않는 것이 그대들이 바라는 바인가? 그렇다면 내가 그대들을 용접으로 이어 붙여 하나로 만들어 주겠다. 그대들은 평생 함께 살아갈 것이고, 한 명이 죽으면 죽은 자의 땅에 동시에 도착해 죽음마저 함께할 것이다. 이것이 그대들이 원하는 바인가?"

그 어떤 연인도 이 제안을 거부하거나 다른 소원을 빌지 않을 것입니다. 이 말을 들은 연인들은 하나같이 이것이야말로 자신이 줄곧 원해 온 소원이라고 생각할 것입니다. 그 이유는 내가 앞에서 설명한 내용, 즉 오래전 우리는 본래 하나였다는 데 있습니다. 그러므로 에로스는 온전함을 추구하는 행위의 또 다른 이름입니다. 우리는 한때 하나였으나 죄를 지었기 때문에 아르카디아인이 스파르타인에 의해 뿔뿔이 흩어졌듯이 신의 손에 둘로 쪼개졌습니다. 그러므로 또다시 조화롭지 못하고 혼란스러운 삶을 선택하면 신에 의해 다시 반으로 쪼개질 수도 있다는 두려움이 남아 있습니다. 그러면 우리는 묘비에 새겨진 인물처럼 코가 반으로 잘린 채 이 세상을 돌아다니게 될 것입니다. 쪼개진 주사위 같은 모습으로 태어날 것입니다.

그러므로 우리는 모두 서로서로 신을 공경하라고 촉구해야만 합니다. 그래야 반으로 잘리는 운명을 피하고 사랑을 우리의 안내자이자 지도자로 삼을 수 있습니다. 누구도 사랑을 거역해서는 안 됩니다. 사랑을 거역하는 사람은 신의 미움을 받습니다. 오로지 신의 친구가 되고 신의 뜻을 따라야만 사랑하는 사람을 발견할 수 있습니다.

에릭시마코스, 조용히 하세요. 내 말을 끊거나 비웃지 마십시오. 파우사니아스와 아가톤에게만 해당하는 이야기가 아닙니다. 이 두 남자는 실제로 내가 말한 부류의 인간일 수 있고 둘 다 남자다운 본성을 지녔지만, 내 설명은 인류 전체에 적용됩니다. 우리는 사랑이 목적지에 다다라 각자 사랑하는 연인을 찾고 원래의 본성을 회복할 때 행복해질 수 있습니다.

이것이 최선이라면 모두가 저마다 사랑하는 사람, 정신과 인격이 자신과 가장 비슷한 사람을 만날 수 있도록 격려하는 것이 가장 바람직하겠지요. 우리는 에로스를 칭송해야 합니다. 오늘날 에로스는 우리가 자기 본성을 깨닫고 자신에게 가장 잘 어울리는 동반자를 만나도록 이끌어 주기 때문입니다. 에로스, 즉 사랑은 우리에게 가장 큰 희망을 안겨 주고, 우리를 원래 상태로 되돌려 주겠다고 약속하고, 우리를 치유하고, 축복하고, 완전한 행복을 가져다주겠다고 약속하는 분입니다.

히아킨토스와 아폴론

오비디우스, 『변신 이야기』

오비디우스의 『변신 이야기』는 서구 문화에서 가장 영향력 있는 시 중 하나다. 오비디우스는 15권에 걸쳐 250개가 넘는 신화를 들려준다. 오비디우스가 첫 문장에서 말하듯, 이 책의 주요 주제는 몸의 형태가 바뀌는 변신이다. 인간인 등장인물들은 고난이나 위협 앞에서 종종 나무와 새, 샘, 별자리 같은 자연의 요소로 변한다.

이 이야기의 주인공이자 태양신 아폴론의 연인인 히아킨토스는 그리스 신화에 등장하는 또 한 명의 아름다운 인간이다. 아폴론은 히아킨토스에게 사족을 못 쓴 나머지 델포이의 성지까지 포기하고 땅으로 내려와 히아킨토스 곁에 머물며 리라를 연주하고 화살을 쏘는 방법을 알려 준다. 다음 글에서 오비디우스가 지적하듯이 히아킨토스는 잔인한 불운만 아니었다면 가니메데스와 비슷한 운명을 따랐을지도 모른다. 일부 설명에 따르면 제피로스(서풍의 신) 역시 히아킨토스에게 푹 빠져 아폴론을 몹시 질투하고, 결국 아폴론이 던진 원반의 경로를 바꿔 히아킨토스를 맞혀 죽이고 만다. 오비디우스의 설명에서 히아킨토스의 죽음은 사고이자 비극적인 불운으로 묘사되는데, 그래서 더더욱 깊은 슬픔을 자아낸다. 이러한 운명의 장난으로 연인은 함께하기로 약속한 미래와 행복을 빼앗기고, 절절한 절망으로 가득한 이어지는 장면에서는 신인 아폴론조차 부활과 영생을 상징하는 꽃의 이미지에서 위안을 찾는다.

히아킨토스, 네 운명만 아니었다면 너 또한
하늘로 올라갈 수 있었을 텐데.
하지만 어떤 점에서는 너도 불멸의 존재다.
겨울이 끝나고 봄이 찾아와
양자리가 물고기자리를 대신하면
너는 푸릇푸릇한 잔디 사이에서 또다시 피어난다.
나의 아버지 아폴론이 네게 품었던 사랑은
그분이 그 누구에게 품은 사랑보다 더 깊었다.
그분은 땅의 배꼽인 델포이의 성지를 포기하고
근처에 강이 흐르는 도시 스파르타에 드나들기 시작했다.
자기 화살과 리라를 버리고,
한때 자신을 즐겁게 했던 것들을 새까맣게 잊고,
히아킨토스의 그물을 들고,
그가 키우는 개들의 목줄을 붙들고,
동지처럼 그와 함께 가파르고 험한 산을 올랐다.
함께 보내는 매시간이 그분의 사랑을 더욱 불태웠고,
밀려난 밤과 다가올 밤 사이에 태양이 떠 있을 무렵
아폴론과 히아킨토스는 옷을 벗고 몸에 기름을 바르고

원반을 던지며 서로를 도발했다.

처음에는 아폴론 차례였다.

그분은 자세를 잡은 뒤 원반을 하늘로 날려

묵직한 강철 원반으로 새하얀 구름을 갈랐다.

어찌나 강력하고 노련하게 던졌던지,

원반은 아주 오랜 시간이 흐른 뒤에야

다시 땅으로 떨어지기 시작했다.

순간 히아킨토스는 무심코 원반을 주우러 달려갔지만

원반은 아직 날아오는 중이었고,

날이 딱딱한 땅에 부딪혔다가 거세게 튀어 올라

히아킨토스의 얼굴을 가격했다.

아아, 그때 아폴론은 시체처럼,

그의 아름다운 소년처럼 창백해졌고,

쓰러지는 히아킨토스를 두 팔로 끌어안았다.

아폴론은 움츠린 몸을 조심스레 일으켜 꼭 껴안고

필사적으로 소년의 몸을 데웠고, 약초를 찾아

필사적으로 피를 멎게 하려 했지만

상처는 치료할 수 없을 만큼 깊었다.

정원에서 줄기가 꺾인 제비꽃이나 양귀비가

무거운 꽃을 늘어뜨리고 땅만 바라보듯이,

소년의 얼굴도 아래로 축 처져 있었다.

수그린 고개는 곧 어깨 위로 떨어졌다.

"히아킨토스, 네가 사라지고 있구나." 아폴론이 울부짖었다.
"네 상처가, 내 죄책감이 보이는구나. 죽음이 너를
내 슬픔이자 수치로 만들었어.
내 손으로 너를 죽였고, 온 세상이 그 사실을 알게 되겠지.
하지만 우리는 그저 시합을 하고 있었을 뿐이고,
그저 서로를 사랑했을 뿐인데. 그걸 잘못이라 할 수 있을까?
히아킨토스, 내 말을 들어. 너 대신 내가 죽도록,
아니면 네 곁에서 죽게라도 해 다오.
이것이 죽음이라면, 내가 그 죽음을 막고 저지하게 해 다오.
나는 너를 내 마음속에 품고, 내 입으로 너를 되새기고,
노래로 너를 퍼뜨리고, 리라로 네 이름의 음을 연주할 거야.
새로 피어난 꽃이 자연을 담고 있듯,
너를 꽃잎에 남길 거야."
아폴론이 이렇게 말하는 가운데
히아킨토스에게서 흘러나온 피가 잔디를 적시다
티루스의 자색 염료보다도 더 선명한 한 송이 꽃으로
피어났고 보라색 백합의 모습이 되었다.
그러나 이걸로는 충분하지 않았다.
아폴론은 이 기적이 일어나는 광경을 지켜보았고,
그의 몸에서 찢겨 나온 슬픔의 절규가 꽃잎에 새겨져
애통함을 나타내는 글자 무늬로 남았다.
스파르타는 자신의 아들 히아킨토스를 단 한순간도

부끄러워하지 않았고,
그의 아름다움은 지금까지도 이어져
매년 사람들이 신성한 축제를 열어 환영하고 있다.

하늘에 새겨진 사랑

오비디우스, 『로마의 축제들』

로마력의 첫 여섯 달을 따라간 오비디우스의 미완성 시 『로마의
축제들』은 '기념일 편람'이라는 제목으로 번역되기도 한다. 한
달에 한 권씩 1월부터 6월까지 이어지고, 각 권은 로마 축제와
관습의 기원을 밝히는 신화와 전설을 풍성하게 소개한다. 제3권
에서 가져온 이 짧은 시는 바쿠스의 연인 중 하나로 포도를 따다
가 땅으로 떨어져 목숨을 잃은 암펠로스의 이야기를 전한다. 암
펠로스가 떨어지자 바쿠스(여기서는 로마식 이름인 리베르로 불
린다)는 암펠로스를 포도 따는 사람 형상의 별자리로 만들어 영
원히 빛나게 한다.

다섯 번째 새벽, 여명의 신 아우로라가
주황빛 뺨에서 이슬을 방울방울 떨어뜨리기 시작하면
별들은 가라앉아 시야에서 사라질 것이다. 그러나
포도 따는 사람의 별자리는 그렇지 않으리라.
이 반짝반짝 빛나는 별에는 숨은 이야기가 있다.
전하는 말에 따르면 암펠로스―자연의 정령 님페와
숲의 정령 사티로스가 낳은 아들―는
이스마로스 언덕에서 바쿠스의 총애를 받았다.

바쿠스는 소년에게 포도나무 한 그루를 선물로 주었다.
포도 덩굴은 키 큰 느릅나무 가지에 매달려 있었고,
지금도 이 포도나무는 소년의 이름을 따서
암펠로스라고 불린다.
어느 날 소년은 탐스럽게 익은 포도를 따다가
나뭇가지에서 손이 미끄러졌고, 비명을 지르며
땅으로 떨어졌다. 그러나
리베르가 소년을 붙잡아 하늘의 별자리로 만들었다.

아킬레우스와 파트로클로스

호메로스, 『일리아스』

아킬레우스와 파트로클로스는 트로이 전쟁 이야기의 중심에 있는 두 전사다. 아킬레우스는 평소 다른 동료들에게는 사납고 냉정하지만 파트로클로스에게만큼은 상냥하고 다정하며, 둘은 같은 야영지에서 생활한다. 후대 기독교 작가들은 이 관계의 로맨틱하고 성적인 측면을 숨겼지만 아이스킬로스와 플라톤 같은 고대 작가들은 명백하고 진지하게 두 사람을 연인으로 묘사했다.

파트로클로스가 살해된 뒤 아킬레우스는 미르미도네스족을 이끌고 파트로클로스의 죽음을 함께 애도한다. 그들은 말을 타고 파트로클로스의 시신 주위를 돌며 땅의 모래와 갑옷이 전부 눈물로 젖을 때까지 통곡한다. 격노한 아킬레우스는 헥토르의 시신을 질질 끌고 다니며 더럽히고, 파트로클로스의 상여 옆 먼지 구덩이에 그의 얼굴을 처박는다. 그러고는 장례 의식을 치르기 시작해 수많은 황소와 염소를 살육했고, 그 가축들의 피가 시신 주위에 컵을 담글 수 있을 만큼 깊이 고였다.

아가멤논은 아직 애도 중이던 아킬레우스에게 함께 식사하자고 청한다. 아킬레우스는 이렇게 말한다. "제우스의 이름으로, 파트로클로스를 화장하고 내 머리를 깎기 전에는 내 얼굴과 팔에 묻은 피를 씻지 않을 것이다. 그전에 음식을 먹을 시간은 허락하

겠지만, 동이 트면 반드시 장작을 모아 파트로클로스를 내 세로 보내 줄 것이다." 식사가 끝난 뒤 군사들은 잠자리에 들지만 아 킬레우스는 해안을 따라 파도 부서지는 소리가 들려오는 가운데 잠들지 못하고 탄식하며 애도한다.

아킬레우스의 아름다운 몸은 축 늘어져 있었다.
그는 헥토르를 쫓아 일리온까지 달려갔고
그곳에서 돌풍에 사정없이 두들겨 맞았다.
그리고 이곳, 파도 소리가 메아리치는 바다 옆에서
잠이 두 팔로 그를 감싸안자마자 그의 앞에
유령 하나가 나타났다. 파트로클로스일까?
외모도 목소리도 똑같았고, 서 있는 모습,
입고 있는 옷, 그를 바라보는 눈빛,
그 모든 것이 진짜처럼 생생했다.
"잠들었구려, 아킬레우스."
유령이 그의 위로 살짝 몸을 숙이며 말했다.
"그건 나를 잊었다는 뜻이겠지.
내가 그대 곁에 있을 때 그대는 나를 절대 잊지 않았는데."
"제발." 이제 유령은 눈물을 흘리며 말했다.
"그대가 장례를 치러 주지 않으면
지하 세계의 입구를 지나갈 수 없소.
혼령들이 나를 가로막는다오.

그들은 나와 함께 강을 건너지 않을 것이고,
나는 홀로 남아 추운 방과 복도를 떠돌고 있소.
아킬레우스, 내 손을 꼭 붙잡아 주시오.
내 몸을 화장하고 나면 나는 다시는
그대에게 돌아올 수 없을 테니.
지금이 예전처럼 다른 이들과 멀찌감치 떨어져 앉아
우리 둘만 담소를 나눌 수 있는 마지막 기회요.
부탁이 하나 있소. 훗날 그대가 트로이의 성벽 아래서 죽으면
내 곁에 묻혀 어린 시절에 그랬듯 나와 한 몸이 되어 주오.
그대의 어머니가 주신 유골함에
우리의 뼈와 재가 함께 담기게 해 주오."
아킬레우스는 슬픔과 혼란에 빠져 파트로클로스를
올려다보았다.
"내 사랑 파트로클로스,
그대의 부탁이라면 무엇이든 들어주겠소.
하지만 먼저 내게로 더 가까이 다가오시오.
짧은 순간일지라도 서로 부둥켜안고
마지막으로 서로를 위로합시다."
아킬레우스는 파트로클로스의 영혼을 향해 두 팔을 뻗었지만
그를 끌어안았을 때 품속에 있는 것은 오로지 공기와
연기뿐이었다.
파트로클로스는 떠났고, 아킬레우스는 홀로 남겨졌다.

아킬레우스는 자기 몸을 마구 때리며 목 놓아 통곡했고,
새벽이 찾아와 파도 뒤 하늘이 분홍빛으로 물들 때
결국 탈진한 몸으로 이렇게 말하며 스스로를 위로했다.
"적어도 나는 이제 지하 세계의 복도에
영혼이 살아남아 있음을 안다.
우리를 닮은 유령이 그곳에서 계속 살아가고 있다.
전우들이여, 지난밤 파트로클로스가 나를 찾아왔다.
내가 그를 보았다. 나를 이끄는 그의 목소리를 들었다.
그의 아름다운 그림자가 나를 통과할 때
또 한 번 그의 존재를 느낄 수 있었다."

아킬레우스가 이렇게 말하자 군사들도 다 같이
눈물을 흘렸고, 장밋빛 새벽에 모두 시신 옆에 모여
그의 죽음을 슬퍼했다.

신성한 부대

플루타르코스, 『영웅전』(「펠로피다스」)

그리스의 철학자이자 역사가, 전기 작가인 플루타르코스는 유명한 영웅들의 전기를 담은 대작을 집필했다. 『영웅전』이라는 이름으로 불리는 이 작품은 로마 영웅 한 명과 그리스 영웅 한 명을 짝지은 '병렬 구조'로 이루어져 있는데, 이는 둘을 나란히 놓고 그들의 미덕과 악덕을 비교하기 위해서였다. 플루타르코스는 테베의 유력 정치인이었던 펠로피다스의 인생 이야기에서 연인 150쌍으로 채워진 '신성한 부대'를 소개한다. 이들은 테베의 정예군으로 수많은 전투에서 승리를 거두었으며 유수하고 잔인한 것으로 이름을 날렸다.

퀴어 역사에서 이 글은 매우 의미심장하고 고무적인 사건과 연결된다. 1990년으로 시계를 돌리자. 전 세계적으로 유행한 에이즈를 퇴치하고자 직접 행동과 지지 활동에 나선 풀뿌리 시위 단체 액트업ACT UP의 뉴욕 지부 회원들이 '퀴어들은 이 글을 읽어라'라는 제목의 팸플릿을 배포하고 있다. 이 팸플릿은 볼드체로 '신성한 부대'의 일화를 전하며 이렇게 언명했다. "절대 패배할 수 없는 연인들의 부대: 우리는 모두 무한한 가능성을 지닌 하나의 세계. 우리는 전사가 되어야만 하기에 전사다. 우리는 강력하기에 전사다. (우리에게는 싸워야 할 대상이 너무나 많다.

우리는 가장 귀한 멸종 위기종이다.) 그리고 우리는 사랑이 무엇인지 알기에 연인들의 부대다. 우리는 또한 욕망과 욕정이 무엇인지 안다. 바로 우리가 그것들을 발명했다. 우리는 그저 서로를 사랑하기 위해 벽장에서 나와 사회의 반대에 직면하고 우리를 총살하려는 사격대 앞에 선다."

신성한 부대를 창설한 사람은 고르기다스라고 한다. 남자 300명이 선발되어 훈련을 거친 뒤 테베의 성채 카드메아에 배치되었다. 그래서 이 부대가 도시군이라는 이름으로 불리는 것이다. 일부 설명에 따르면 이 부대는 서로 사랑하는 150쌍의 남자들로 구성되었다. 한 오래된 농담이 있으니, 네스토르가 그리스인에게 씨족과 부족별로 부대를 편성하라고 지시한 것은 너무 해이한 전략이었다. 씨족은 씨족끼리, 부족은 부족끼리 협력한다는 것이 그 당시의 상식이었다. 그러나 이 농담에 따르면 네스토르는 씨족과 부족이 아닌 연인들을 모아 부대를 창설했어야 했다.

왜냐하면 위험이 닥쳤을 때 부족과 씨족은 서로를 등지고 부상자를 내버릴 수 있다. 그러나 사랑으로 단결한 부대는—사랑은 깨지거나 흩어질 수 없으므로—깨지거나 흩어질 수 없다. 연인들의 부대는 위험 앞에서 절대 뒤로 물러나지 않는다. 연인들은 서로를 지키고 보호한다.

부상당한 채 땅에 쓰러진 남자가 자신을 죽이려는 적군에

게, 자신이 죽어 가는 모습을 연인이 지켜보며 자책하지 않
도록 가슴에 칼날을 꽂아 즉사하게 해 달라고 애원했다는 이
야기가 있다. 플라톤이 연인을 "신이 영감을 불어넣은" 친구
라고 묘사한 바 있으므로, 이 부대를 '신성하다'라는 말로 표
현하는 것은 지극히 당연하다.

신성한 부대는 카이로네이아 전투가 있기 전까지 무패 신
화를 이어 갔다. 전투가 끝난 뒤 마케도니아의 왕 필리포스
2세가 시체들 사이를 헤치고 나아가다가 300명이 갑옷을 입
은 채 무더기로 쌓여 있는 곳에 도착했다. 왕은 깜짝 놀라 그
앞에 서 있다가 이들이 연인들의 부대였음을 알고는 눈물을
흘리며 이들이 생전에 조금이라도 수치스러운 짓을 저질렀
거나 수치스러운 짓을 당했다고 생각하는 사람 모두에게 저
주를 퍼부었다.

소크라테스가 말하는 사랑

크세노폰, 『향연』

기원전 360년경에 쓰인 크세노폰의 『향연』은 소크라테스의 대화편이다. 당시 대중적인 장르로 자리 잡은 이 글쓰기 양식에서는 다양한 인물—실존 인물인 경우도 많다—이 등장해 여러 철학적 문제를 논한다. 이들은 대화를 통해 이런저런 개념에 깔린 전제를 해부하고 분석한다. 크세노폰의 다음 글에서 소크라테스와 그의 동료들은 저녁 식사를 함께하며 여러 중요한 주제를 논하고 있다. 만찬을 주최한 사람은 칼리아스이며, 만찬의 주인공은 칼리아스의 연인 아우톨리코스다. 오락 공연이 끝나자 소크라테스는 자리에서 일어나 사랑에 관한 연설을 시작한다. 참석자들은 술을 마시고 있으며, 소크라테스의 연설을 여러 차례 방해한다. 그러나 사랑과 그 전반적 특성에 관한 소크라테스의 연설을 듣다 보면 사실 소크라테스는 칼리아스의 사랑을 응원하려고 조언을 건네며 일종의 중매쟁이 역할을 도맡고 있다는 사실이 분명하게 드러난다.

　시라쿠사에서 온 극단이 박수갈채를 받으며 떠나자 소크라테스는 또다시 새로운 주제로 토론을 시작했다.
　"신사 여러분." 그가 말했다. "지금 우리는 위대한 신 앞에 있습니다. 그 신은 다른 어떤 신만큼이나 영원하고 유구하면서도 생명력 넘치고 앳됩니다. 내가 누구를 말하는지 아시겠습니까? 이 신은 만물을 아우르며 모든 것에 스며들어 인간의 마음속에 자신의 집과 신성한 성지를 짓습니다. 물론 나는 사랑을 말하고 있는 것입니다. 오늘 밤 그분을 마음에 새기며 사랑을 논해야 마땅하지 않겠습니까? 현재 우리 모두 그분의 뜻을 따르고 있으니 말입니다. 나의 경우 누군가를 사랑하지 않았던 때를 전혀 떠올릴 수 없습니다. 그리고 카르미데스, 그대가 그간 수많은 연인을 두었고 가슴이 사랑으로 타오른 적이 한 번 이상 있다는 것을 나도 안다네. 크리토불로스, 자네도 누군가의 흠모를 받은 적이 있고, 지금도 사랑에 빠져 있지 않은가? 니케라토스, 자네도 마찬가지일세. 자네가 아내를 사랑하고 그 사랑을 온전히 보답받고 있다는 사실을 내 안다네. 그리고 헤르모게네스, 그대가 이상을 향한 사랑, 아름다움과 미덕에 대한 감각 때문에 몸이 쇠약해질 지경이라는 것을 우리 모두가 알지. 다들 헤르모게네스를 보게나. 이마에 근엄하게 주름이 지고, 눈빛이 차분하고, 온건하고 신중하게 말하고, 너그럽고 친절하지 않은가? 헤르모게네스는 신들을 사랑하고 그들의 축복을 누리면서도 지상의 친구들을 냉대하지 않지. 그렇다면 우리 중 사랑에 빠지지 않은 사람은 안티스테네스 자네뿐인가?"

"그게 무슨 말씀입니까!" 안티스테네스가 대답했다. "저는 스승님을 사랑하고 있지 않습니까? 스승님께 아주 푹 빠져 있다고요!"

소크라테스는 소녀처럼 수줍은 척하며 비꼬듯이 키득키득 웃었다. "쉿, 떼쓰지 말게나. 지금 내가 바쁜 거 안 보이나?"

"이런, 속이 뻔히 들여다보이는군요." 안티스테네스가 말했다. "스승님은 언제나 저를 피하고 농담거리로 만드시지요. 반은 신들을 핑계 삼고, 나머지 반은 다른 사람을 사랑한다는 이유로 저와의 대화를 거부하시네요."

"저런, 안티스테네스, 발톱을 넣어 주게나. 자네가 삐치고 나를 모욕하는 것은 참을 수 있지만 이건 아니네. 그 문제는 여기서 끝내세. 그대는 내 몸만을 원하지만, 나는 소크라테스라네. 내게는 아름다운 정신이 있다고!

여러분, 연설이 중간에 끊겨서 미안합니다. 내가 어디까지 했더라? 아, 그래, 칼리아스. 이 도시에 그대가 아우톨리코스를 사랑한다는 사실을 모르는 사람이 없네. 사실 그대들의 아버지가 전부 유명인이고 그대 둘 또한 빼어난 신사인 덕분에 이 소식은 해외로까지 퍼졌지. 칼리아스, 나는 언제나 자네의 인격에 감탄했고, 지금은 더더욱 감탄하고 있어. 아우톨리코스가 버릇없고 우유부단한 사람이 아니라는 사실이 내 눈에도 보인다네. 누구든 그를 바라보면 그가 강인하고 용감하며 절도 있다는 것을 알 수 있지. 그 점이 칼리아스 자네 사랑의 증거로서 자네가 올바른 품성에 끌린다는 사실을 보여 준다네.

　자, 나는 '신성한' 사랑과 '범속한' 사랑, 이렇게 두 종류의 사랑이 있는지 아닌지 모른다네. 제우스도 이름과 직함이 여럿이지만 전부 똑같은 한 명의 신이지. 그러나 이것만은 안다네. 이 세상에는 다양한 종류의 제단과 성지가 있고, 범속한 사랑을 따르는 자들이 올리는 의식은 신성한 사랑의 신자들이 올리는 의식만큼 단정하지 못해. 범속한 사랑을 따르는 자들은 육체에 더 끌리고 신성한 사랑을 따르는 자들은 정신과 우정, 상대의 고귀함에 더 끌린다고 말할 수 있을 걸세. 내가 보기에 칼리아스 자네는 신성한 사랑을 따르고 있네. 아우톨리코스에게는 저열한 면이 전혀 없고, 내가 그동안 지켜본 바 그대는 아우톨리코스와 함께할 때마다 그의 아버지도 함께 초대하는데, 이것은 그대들 사이에 부끄러운 점이나 숨겨야 할 점이 전혀 없다는 뜻이겠지."

　"스승님." 헤르모게네스가 말했다. "저는 여러 면에서 스승님을 존경하지만, 무엇보다 스승님이 칼리아스를 칭찬하는 동시에 바른 품행이 무엇인지를 가르치신다는 점이 가장 존경스럽습니다."

　"그것이 바로 내가 원하는 바라네." 소크라테스가 대답했다. "더불어서 나는 정신적인 사랑이 육체적 사랑보다 더 고결하다는 것을 앎으로써 칼리아스의 삶에 기쁨이 더욱 커지기를 바란다네. 애정에서 비롯되지 않은 대화는 결국 대화라

할 수 없지.

내가 보기에 신성한 사랑을 따르며 소년의 고결한 정신에 감탄하는 이들은 사랑에서 기쁨을 얻지만, 오로지 육체만 탐하는 자들은 대개 소년의 인성을 헐뜯는다네. 몸과 마음을 다 사랑한다고 해도 세월의 흐름은 피할 수 없고, 머지않아 육체에 대한 사랑도 함께 희미해지지. 그러나 정신은 시간이 흐르면서 더욱 지혜로워지기 때문에 정신을 향한 사랑은 갈수록 커진다네. 게다가 육체적 사랑은 일단 만족하면 그 이상을 바라지 않아. 이와 달리 순수한 정신적 사랑은 대개 끝이 없지. 그렇다고 아프로디테가 이런 사랑에 덜 너그럽다는 뜻은 아니네. 오히려 아프로디테는 우리의 기도에 응답해 우리의 매력을 한층 돋보이게 해 준다네.

푸릇푸릇하고 만개한 영혼, 위엄과 권위로 가득한 영혼이 사랑하는 대상에게 충만한 애정을 느낀다는 사실을 지금 여기서 굳이 주장할 필요는 없을 걸세. 이제 나는 이러한 영혼이 그 사랑을 반드시 보답받는 것이 당연하다고 주장하려 하네. 먼저 미덕의 귀감이자 자신의 쾌락보다 사랑하는 이의 명예를 더욱 중시하는 사람을 누가 싫어할 수 있겠는가? 게다가 연인이 늙고 병들어도 변함없이 굳건한 사랑에 누가 매혹되지 않을 수 있겠는가? 결국 서로를 깊이 사랑하는 연인은 서로의 얼굴을 사랑스럽게 바라보고, 사랑스럽게 대화하고, 서로를 신뢰하고, 각자의 슬픔과 기쁨을 나누고, 병에 걸리면 다른 한 명이 곁을 지키며 돌보고, 떨어져 있을 때는 더더욱 아끼기 마련이지. 평생 지속되는 것은 바로 이러한 사랑, 이러한 종류의 헌신이라네.

하지만 소년이 자기 외모에만 감탄하는 연인의 사랑에 보답해야 할 이유가 있을까? 그러한 연인은 본인만 만족감을 얻고 소년에게는 수치심을 남긴다네. 그러한 사랑은 소년을 가족이나 친구들과 멀어지게 하지. 그 대가로 소년이 얻는 게 무엇이지? 그러한 연인이 설득의 방법을 취한다는 사실은 상황을 악화할 뿐이네. 연인이 폭력을 사용한다면 그 사람이 악인이라는 사실이 드러나지만, 설득과 아첨을 사용하는 연인은 유혹에 넘어가는 소년의 평판을 망칠 뿐이거든. 소년은 여자처럼 섹스에서 쾌락을 얻지 않는다네. 남자와 섹스할 때 소년은 멀쩡한 정신으로 취한 사람을 바라보는 것과 비슷해. 소년이 그러한 연인을 싫어하게 되는 것도 놀라운 일이 아니지. 그러나 연인이 신성한 사랑의 지배를 받고 소년의 정신과 인격을 사랑한다면 좋은 일만 벌어질 걸세.

자, 이제는 사랑받는 소년이 아니라 사랑을 주는 남자 본인에게 이러한 사랑이 어떤 영향을 미치는지 짧게 이야기하겠네. 육체만을 사랑하는 사람은 비굴해진다네. 케이론과 포이닉스가 아킬레우스에게 존경받았듯이, 결국 상대를 가르치는 사람은 그에게 존경받아야 한다네. 그러나 육체만을 탐하는 사람, 소년을 성가시게 따라다니며 키스해 달라고, 잠깐만 안아 달라고 애걸하는 사람은 구걸꾼이나 마찬가지일세.

내가 오늘 밤 너무 격의 없이 말한다고 놀라지 말게나. 포도주를 잔뜩 마셔서 긴장이 풀렸기 때문이기도 하지만, 한편으로는 사랑이 나의 충실한 벗이기에 여러분에게 사랑의 적에 대해 경고해야 할 것 같아서 그런다네. 내가 보기에 소년의 육체만을 탐하는 남자는 땅 한 뙈기를 빌린 임차인과 같다네. 그 사람은 땅의 가치를 키우는 데는 관심이 없고 그저 땅의 가치를 뽑아먹으려고만 하지. 그의 시선은 언제나 수확물에만 꽂혀 있다네. 이와 달리 소년의 애정을 바라는 남자는 자기 땅의 주인이나 마찬가지일세. 그는 온갖 수단과 힘을 동원해 소년의 가치를 끌어올리려 하네. 게다가 자신의 가치가 오로지 외면의 아름다움에 있음을 아는 소년은 굳이 다른 방식으로 자신을 갈고닦으려 하지 않을 걸세. 반면 지혜와 미덕을 갈고닦지 않으면 연인을 지키지 못할 수도 있다는 사실을 아는 소년은 그러한 자질을 기르고자 열심히 노력하겠지. 마찬가지로 연장자 역시 모범을 보이려면 열심히 미덕을 쌓아야 할 것이고.

칼리아스, 신화를 자세히 들여다보면 신과 반신조차 육체적 욕망보다 정신적 사랑을 더 높이 샀음을 알 수 있네. 제우스는 수많은 인간을 사랑했지만 관계가 끝난 뒤 불멸의 존재가 된 인간은 오로지 제우스가 정신을 사랑한 이들뿐일세. 예를 들면 헤라클레스와 디오스쿠로이가 그렇지. 나는 미모로 이름을 날린 가니메데스도 제우스에게 사랑받아 올림포스로 승천하게 된 것은 결국 그의 정신 때문이었다고 말하겠네. 내 말 듣고 있나, 니케라토스? 호메로스에 따르면 아킬레우스가 파트로클로스 대신 복수에 나선 것은 단순히 파트로클로스가 아름다웠기 때문이 아니라 그가 아킬레우스의 친구였으며 두 사람이 서로를 무척 아꼈기 때문이네. 오레스테스와 필라데스, 테세우스와 페이리토오스를 비롯한 여러 위대한 영웅들도 마찬가지일세. 그들이 활약할 수 있었던 것은 같이 자는 사이여서가 아니라 서로 사랑하는 사이였기 때문이네.

우리 시대의 영웅들도 마찬가지일세. 그들이 영광과 타인의 존경을 얻고자 하며, 용기보다 쾌락을 중시하는 자들이 아닌 용맹한 사람들이라는 것은 사실이지 않은가? 파우사니아스가 말한 '신성한 부대'를 떠올려 보세. 연인들로 이루어진 군대는 절대 패배하지 않는다고 했잖나. 파우사니아스가 댄 증거에 모두가 동의하는 것은 아닐세. 우리 중에는 더 이상 소년애를 찬미하지 않는 사람도 있으며, 스파르타인은 성적인 욕망이 반드시 군인을 망친다고 생각하지. 하지만 어느 쪽이든 가장 가치 있게 여기는 것은 바로 선한 미덕일세. 외모로 사랑받는 소년과 정신으로 사랑받는 소년 중 그대들은 본인의 돈과 자녀를 누구에게 맡기겠나?

칼리아스, 내가 지금껏 이 모든 말을 한 것은 더 단순한 이

야기를 하기 위함이었네. 자네에게 아우톨리코스를 향한 사랑을 주신 신들께 감사드리게나. 아우톨리코스가 불굴의 용기와 야심을 지닌 고결한 사람이라는 사실은 쉽게 알 수 있네. 아우톨리코스가 자신과 아버지의 명예뿐만 아니라 자기 친구들을 돕고 조국의 명예를 드높일 수 있는 능력까지 원한다면, 그런 능력을 습득하도록 도울 수 있는 남자를 사랑하리라고 말할 수 있지 않겠는가? 그러니 아우톨리코스가 자네를 사랑하고 깊이 아끼길 바란다면, 열심히 공부하며 테미스토클레스가 무엇에 힘입어 그리스를 해방시켰는지, 페리클레스가 어떻게 자국에서 가장 현명한 조언자라는 평판을 얻었는지, 솔론이 어떻게 아테네를 위해 최고의 법을 세웠는지, 스파르타인이 어떻게 세계에서 가장 훌륭한 지도자라는 명성을 얻었는지 알아내야 할 걸세. 각 지역의 대표들이 자네의 거처를 찾아오고, 자네의 조국이 자네를 지도자의 위치에 앉힌다 해도 놀라운 일이 아니네. 자네는 고결하며, 축제일의 가장 뛰어난 사제이고, 이 도시에서 가장 아름다운 남자라네.

오늘 밤 내가 술자리에 어울리지 않게 너무 진지하게 말했다면 미안하네. 하지만 자네는 놀라지 않았을 거야. 나와 이 국가는 늘 한마음으로 선하고 덕 있는 이들을 사랑했으니 말일세."

소크라테스의 연설이 끝나자 다른 참석자들은 언제나처

럼 연설의 내용을 두고 토론을 벌이기 시작했지만 아우톨리
코스만은 내내 칼리아스에게서 시선을 떼지 못했다.

황제의 키스

플루타르코스, 『영웅전』(「알렉산드로스」)

플루타르코스는 알렉산드로스 대왕의 보병대가 함대를 타고 험난한 지형을 통과한 뒤 질병과 굶주림, 땡볕 더위에 시달렸다고 전한다. 그들은 비참한 환경에서 60일을 보내다 결국 게드로시아―오늘날 마크란이라고 불리는 오만만灣의 해안 지역―에 도착했고, 그곳 왕자들에게 필요한 것을 아낌없이 제공받았다.

바고아스는 페르시아 제국의 궁정 환관이었다. 로마의 역사가 퀸투스 쿠르티우스 루푸스에 따르면 바고아스는 "스스로 여성이 되어" 몸을 팔며 알렉산드로스 대왕의 총애를 얻었다. 플루타르코스 『영웅전』에서 알렉산드로스는 성미가 격하고 불같으면서도 '육체의 쾌락'을 거뜬히 절제할 수 있는 인물로 묘사되는데, 위험한 여정 끝에 축제 분위기와 다정한 태도를 되찾은 다음 장면은 그래서 더더욱 이례적이고 감동적이다.

알렉산드로스는 휴식을 취한 뒤 병력을 이끌고 7일간 행군해서 카르마니아를 통과했고, 이내 행군은 음주 가무로 가득한 일종의 바카날 축제로 바뀌었다. 방패나 검은 전혀 보이지 않았다. 햇볕이 피부 위에서 반짝였고 병사들은 뿔로 만든 술잔과 컵으로 통에서 포도주를 퍼마셨으며 그들 주위로

음악이 가득 울려 퍼졌다.

알렉산드로스는 말 여덟 마리가 끄는 연단 위에 일행과 함께 누워 밤낮 가리지 않고 잔치를 벌였다. 보라색 덮개와 수놓은 천을 씌운 마차가 남자들을 태우고 그 뒤를 따랐다. 커다란 나뭇가지의 푸르른 이파리로 그늘을 드리운 마차도 있었고, 그 이파리 밑에서 병사들은 어룽대는 햇살을 받으며 머리에 화관을 쓰고 술을 흥청망청 들이켰다.

길가에서 남자들은 술과 눈부신 태양에 취해 비틀거리며 다 함께 축배를 들었다. 술만 마신 것은 아니었다. 사람들은 시끌벅적한 음악에 파묻혀 구릿빛 속살을 드러내고 춤을 추었다. 마치 신이 직접 이곳에 내려와 잔치를 이끄는 것 같았다. 게드로시아 궁전에 도착하자 지친 병사들은 의식을 잃고 잠들었지만 알렉산드로스는 또다시 축제를 벌이기 시작했다.

어느 날 술에 취한 알렉산드로스는 경연을 보러 갔다가 무용수들 사이에서 자신이 가장 아끼는 바고아스를 발견했고, 결국 바고아스가 우승을 차지했다. 경연이 끝난 뒤 바고아스는 무대 의상을 벗지 않고 머리에 새 왕관을 쓴 채 무대를 가로질러 알렉산드로스 대왕 옆자리에 앉았다. 관중이 환호하며 박수갈채를 보냈고, 왕을 향해 우승자에게 키스하라고 외쳤다. 마침내 알렉산드로스는 승낙했고, 미소를 띠며 바고아스를 끌어안고 그에게 부드럽게 키스했다.

어느 연인의 묘비

파우사니아스, 『그리스 기행』

지리학자이자 여행가였던 파우사니아스는 땅의 형세를 설명하는 이 짧은 글에서 독자들에게 작은 무덤을 소개한다. 지역의 랜드마크인 이 무덤에는 헤라클레스의 사랑을 받았던 소스트라토스의 시신이 묻혀 있다. 다음 글은 고대 세계에서 퀴어 이야기가 물리적 형태를 부여받아 대대로 이어진 방식을 드러낸다. 이 글은 간결하지만 어딘가 감동적인 면이 있다. 작가는 이 영웅에게 과도하게 관심을 쏟지 않는다. 소스트라토스는, 오늘날의 표현을 사용하면 '토큰'으로 활용되지 않는다. 그는 다른 랜드마크―조각상과 강과 신전―사이에서 그 지역의 역사 및 영웅들과 나란히 기억된다. 파우사니아스는 소스트라토스의 이야기를 덤덤하게 전하며, 헤라클레스의 슬픔을 연인을 잃은 여느 사람의 슬픔과 다르지 않게 묘사한다. 이 평범함은 그 자체로 감동이다. 다음 글은 저자와 독자의 눈에 비친 이 사랑의 아름다운 평범성을 잘 보여 준다.

라리소스강은 아카이아와 엘리스의 경계를 이루고, 강 옆에는 아테나의 신전이 있다. 이곳에서 약 30스타드* 떨어진 곳에 아카이아의 도시인 디메가 있다. 디메는 데미트리오스의 아들 필리포스가 전쟁에서 정복한 아카이아의 유일한 도시였다. 이곳은 군인들에게 약탈당한 뒤 훗날 아우구스투스의 결정으로 파트라스에 합병되었다.

이오니아인들이 지명을 바꾸기 전, 과거 이 도시의 이름은 팔레이아였다. 디메라는 이름이 이 지역에 사는 여성의 이름에서 나온 것인지 아이기미오스의 아들 디마스에게서 나온 것인지는 알 수 없다. 어느 쪽이든, 올림피아에 있는 오에보타스 조각상에 새겨진 글귀를 보고 헷갈려서는 안 된다. 이 도시 출신인 오에보타스는 큰 경기에서 우승해 이 기념비를 받았는데, 여기에는 이렇게 쓰여 있다.

아카이아인이며 오에니아스의 아들인 오에보타스는 도보 경주에서 우승을 차지해 조국 팔레이아의 명예를 드높였다

그리스 시인들은 늘 현대가 아닌 과거의 이름을 사용했고, 저 당시 이 도시의 이름은 팔레이아가 아닌 디메였다.

어쨌거나 이 도시에 도착하기 직전 길의 오른편에서 소스트라토스의 무덤이 보일 것이다. 그는 이 도시 출신이었고 헤라클레스의 연인이었다. 소스트라토스보다 오래 산 헤라클레스는 이 청년의 무덤을 짓고 슬픔과 존경을 담아 직접

---

* 약 180미터에 해당하는 그리스의 거리 단위

자기 머리카락을 잘라 바쳤다.

지금도 이 무덤을 찾으면 커다란 대리석 석판에 조각된 헤라클레스의 형상을 볼 수 있다. 지역 주민에게 들은 바에 따르면 사람들은 지금도 소스트라토스를 이 도시의 영웅으로 기리며 제물을 바치고 있다고 한다.

헤라클레스와 힐라스

테오크리토스, 『전원시집』

그리스 신화에서 가장 유명하고 인기 있는 설화 중 하나인 헤라
클레스와 힐라스—이아손과 함께 황금 양모를 찾으러 떠난 아
르고호 선원들—의 이야기는 서양 미술사에 여러 차례 등장한
다. 존 윌리엄 워터하우스의 작품 〈힐라스와 님프〉(1896)는 수초
와 백합을 걸친 나체의 신들이 젊은 힐라스를 에로틱하게 유혹
하는 장면을 담고 있으며, 크리스토퍼 말로와 오스카 와일드 같
은 퀴어 작가들은 이 이야기를 애도의 원형적 이미지로 사용해
왔다.

　테오크리토스가 자신의 파트너 니키아스에게 이야기를 들려
주는 액자 구성의 이 시는 퀴어 신화가 어떻게 신화적 시대 바
깥에서도 관계를 이해하는 중심 텍스트가 될 수 있는지 보여 준
다. 테오크리토스와 그의 연인은 이 글의 '현재 시점'에서 헤라클
레스와 힐라스의 이야기를 되돌아보고, 이러한 병렬 구조 안에
서 테오크리토스가 들려주는 이야기는 본인과 그의 연인에게 퀴
어 사랑의 본보기가 된다. 이때 우리는 유일한 청자가 아니다. 테
오크리토스의 연인인 니키아스도 우리와 함께 이야기를 듣는다.
이 신화에는 슬픔이 깊게 배어 있다. 헤라클레스는 힐라스를 찾
아다니며 그의 이름을 외치고 힐라스는 수면 아래서 대답하려

애쓰는 이 비극적인 장면은 그 이중적인 시점 때문에 청자의 가슴을 아프게 한다. 한 차원에는 헤라클레스의 시점이 있지만 독자로서 우리는 위에서 이야기를 내려다보며 슬픔에 빠져 숲속을 헤매는 절박한 연인과 시야 바로 밑에 숨겨진 연인을 동시에 목격한다.

니키아스, 사랑이 어디에서 피어나 우리를 찾아오든
우리는 그 사랑이 오로지 우리만을 위해 태어났다고 믿지요.
하지만 어떻게 그렇게 생각할 수 있을까요? 사랑은 다른
이들에게도 찾아오고, 우리가 아닌 다른 이들의 눈에도
만물을 아름답게 보이게 하는데요. 어쨌거나 암피트리온의
용감한 아들 헤라클레스의 청동으로 씌운 듯한 심장도
흉포한 사자 앞에서는 꿋꿋했으나 한 소년 앞에서는 그러지
못했는걸요. 그 또한 한 청년을 사랑했습니다.
곱슬거리는 긴 머리칼을 아직 자르지 않은 아름다운
힐라스였지요. 아버지가 아들에게 그러하듯,
헤라클레스는 힐라스에게 자신이 아는 것을 전부
가르쳐 주었답니다. 비록 자신은 삶의 교훈을
힘겹게 배웠지만, 힐라스에게만은
아주 다정하게 가르쳐 주었지요.
그는 절대 힐라스의 곁을 떠나지 않았습니다.
하루가 밝아 정오에 이르렀을 때도,

새벽이 흰 말들을 타고 달리며 밤을 밀어낼 때도,
어미 닭이 연기가 가득한 횃대로 새끼들을 불러 모아
잠자리에 들 때도 곁을 지켰습니다.
헤라클레스는 힐라스가 최고의 남자로 성장할 수 있도록
직접 모범을 보였습니다.
그래서 아이손의 아들 이아손이 황금 양모를 찾아
항해를 떠나며 이 땅의 가장 훌륭한 도시에서
가장 훌륭한 선원을 뽑을 때 헤라클레스는
아르고호에 함께 탈 대원으로 힐라스를 선택했답니다.
처음에 아르고호는 바다를 가르며 거친 파도를 유유히
헤치고 나아갔습니다.
독수리처럼 날째게 잔잔한 파시스만灣으로 진입했지요.

그때 하늘에 플레이아데스 성단이 떠오르고
사방에 여름의 징조가 만개하자
대원들은 다시 항해하고 싶다는 열망에 사로잡혔습니다.
그래서 그들은 각자 아르고호의 우묵한 곳에 자리를 잡고
다시 헬레스폰트로 출발했지요. 3일간 순풍이 그들을 이끌어
프로폰티스에 닻을 내렸고, 황소들이 산뜻하고 매끈하게
고랑을 파는 비옥한 땅이 보였습니다.
저녁을 먹어야겠다는 생각에 배에서 내렸지만,
그전에 먼저 초원의 지푸라기로 침대를 만들었습니다.

꽃과 풀을 한데 모아 향부자와 골풀 잎으로 엮어
모두가 누울 수 있는 매트리스를 만든 것이었지요.
한편 금발의 힐라스는 야영지에 있는 대원들과
헤라클레스, 텔라몬을 위해 물을 떠 가려고
물통을 들고 땅거미가 지는 선선한 어둠 속을 걷고
있었습니다. 이내 그는 계곡 틈 사이에서
푸른 박주가리와 공작고사리, 파슬리가 우거진
샘물을 하나 발견했습니다.
수면 아래에서는 님프들이 춤을 추고 있었지요.
흐르는 물처럼 님프들도 절대 휴식을 취하지 않는답니다.
힐라스가 샘물 위로 엎드려 물통의 주둥이를 물속에 담그자
님프들의 손이 그를 움켜잡았습니다.
님프들은 그의 손목을 붙잡고 끌어당겼고,
이 갑작스러운 욕망에 그는 깜짝 놀라 생각이 흐려졌습니다.
힐라스는 물속으로 끌려가며 비명을 질렀습니다.
한밤중의 바다에 빛을 뿌리며
그 안으로 쏟아질 것만 같은 반짝거리는 별처럼,
뱃사람이 "제군들, 밧줄을 풀게, 바람이 불고 있네"라고
말해야 할 것처럼, 빛나는 금발의 힐라스는
물속으로 빨려 들어갔습니다.
그는 몸부림치며 부르짖었고,
님프들은 경직된 그의 몸을 조심스레 펼치며

그의 귓가에 부드럽게 속삭였지요.

오래지 않아 헤라클레스는 사라진 힐라스를 걱정하며
활과 곤봉을 들고 그를 찾아 나섰습니다.
헤라클레스는 굵고 낮은 목소리로
힐라스의 이름을 세 번 크게 불렀고,
힐라스는 자신의 목소리가 들리기를 간절히 바라며
물속에서 세 번 크게 대답했습니다.

새끼 사슴의 울음소리가 산속에 메아리치고
사자가 그 사슴을 찾아 나설 때처럼,
헤라클레스는 슬픔에 겨워 가시덤불과 잡초 사이를
마구 헤집고 돌아다녔습니다.
들판과 숲속을 헤매는 내내 그는
사랑에 빠진 벌을 받으며 힐라스를 찾지 못할까 봐
두려워했고, 이아손과 아르고호에 대한 생각은
새까맣게 잊었습니다. 그렇게 밤이 흘렀고,
동이 트자 아르고호는 돛을 올리고
헤라클레스가 돌아오기를 기다렸지만
그는 숲과 계곡을 힐라스의 이름으로 가득 채우느라
제정신이 아니었지요.
오늘날 금발 소년은 사라지지 않고
불멸하는 님프들 사이에서 살아가고 있으며,
헤라클레스는 배를 버리고 떠났다는 이유로
대원들에게 내쳐졌습니다. 그러나 그게 끝이 아니었답니다.
헤라클레스는 홀로 여정을 마쳤고,
결국 걸어서 삭막한 콜키스 땅에 도착했으니까요.

말에게 먹이를 주지 말라

아버지 필로스트라토스, 『심상』

이 글은 호전적 영웅주의가 얼마나 폭력적이고 흉포한지를 잘 보여 준다. 헤라클레스의 열두 가지 과업 중 여덟 번째 과업에서 에우리스테우스 왕은 헤라클레스에게 디오메데스의 암말을 훔쳐 오라고 명령한다. 이 말들은 생살을 뜯어 먹으며 미쳐 날뛰는 광포한 짐승이었고 청동으로 만든 구유에 쇠사슬로 묶여 있었다. 이 판본의 이야기에서 헤라클레스와 동행한 압데로스는 홀로 이 말들을 지키다가 산 채로 잡아먹힌다. 헤라클레스는 그 복수로 디오메데스를 말들에게 먹이고 이 짐승들을 살육한 뒤 압데로스의 시신을 되찾아 장례를 치른다. 학살과 유혈로 가득한 이 글은 연인의 훼손된 시체를 들고 비탄에 빠진 영웅의 심상을 자아낸다.

들어보십시오. 디오메데스의 암말들을 처치하는 것이 헤라클레스에게 힘든 과제라고 생각해서는 안 될 것입니다. 이미 암말들을 물리쳐 곤봉으로 때려눕혔으니 말입니다. 보십시오, 피투성이가 된 말 한 마리가 저기 누워 있습니다. 또 한 마리는 마지막 숨을 힘겹게 내뱉고 있네요. 놀라 날뛰는 놈도, 쓰러지는 놈도 있습니다. 털은 지저분하게 엉켰고, 갈

기는 부스스하게 뜯겼습니다. 야생의 짐승과 다를 바 없군요. 보십시오, 마구간은 디오메데스가 말들에게 먹인 남자들의 피와 근육 쪼가리로 얼룩졌습니다. 사육사는 어떠하냐고요? 자기 옆에 함께 쓰러진 말들보다도 더 사납습니다. 그러나 이 과업은 난이도가 두 배로 높았습니다. 에로스가 헤라클레스에게 육체적 고통과 함께 마음의 고통을 안겼기 때문입니다. 그건 결코 사소한 문제가 아닙니다. 지금 당장 저 광경을 보십시오. 헤라클레스는 말들의 입안에서 끄집어낸 반쯤 먹힌 압데로스의 시신을 들고 있습니다. 저 가여운 청년은 정말이지 젊었습니다. 이피토스보다도 더 젊었으니까요. 보십시오, 아직 뼈에 붙어 있는 피부가 매끈하고 탱탱하고 여전히 아름다운 것을요. 헤라클레스의 눈물, 위로하는 이들의 애틋한 포옹, 헤라클레스의 지친 얼굴에 새겨진 깊은 슬픔. 다른 사람이 이 모든 것을 가져갈 수만 있다면, 압데로스의 무덤에 다른 사람이 묻힐 수만 있다면. 아아, 묘비에 다른이의 이름이 새겨질 수만 있다면. 헤라클레스에게는 그 어떤무덤도 충분하지 않고 그 어떤 묘비도 그의 애통함을 다 담을 수 없으니, 다정한 영웅인 그는 압데로스와 자신의 사랑을 기리며 도시를 세우고 그 도시에 압데로스의 이름을 붙여운동 경기를 개최할 것입니다. 그 도시는 압데로스를 추억하며 승마를 제외한 모든 경기를 열 것입니다.

이피스와 이안테

오비디우스, 『변신 이야기』

오비디우스의 『변신 이야기』에서 이피스와 이안테의 이야기는 쌍둥이 오빠인 카우노스와 사랑에 빠진 뒤 고백을 거절당하고 정신을 놓았다가 결국 샘물로 변한 비블리스의 이야기 바로 다음에 등장한다. 오비디우스는 다시 한번 가정이라는 사적인 세계로 들어가 또 다른 이야기를 전한다. 가난한 부부에게는 여아를 기를 여력이 없기에, 남편은 만약 아내가 딸을 낳으면 아이를 죽이겠다고 결심한다. 아내 텔레투사는 딸 이피스를 낳고, 이피스는 소년으로 키워지며 죽음을 면한다. 문제는 이피스가 이안테라는 이름의 아름다운 소녀와 결혼을 약속하면서 발생한다.

이 글은 두 여성 사이의 금지된 욕망에 관한 것이지만 이피스와 이안테의 이야기는 전혀 축하 분위기가 아니다. 실제로 두 사람 사이에 사랑이 싹틀 때 이피스는 자신의 욕망과 자연 세계 사이에서 그 어떤 유사점도 찾지 못하고 수치심으로 괴로워한다. 이피스의 필사적인 부정과 혼란, 자신이 다른 존재이길 바라는 외로운 욕망에 분명 많은 독자가 공감할 것이다. 결국 이시스 신이 개입해 이피스와 어머니 텔레투사를 남모를 수치심에서 구해 낸다. 아마 자신의 욕망을 용납하지 않는 세상에서 이피스의 변신은 다행스러운 일이었을 것이다. 그러나 다른 여자와 사랑에 빠진 뒤 세상의 관습에 따르기 위해 완전히 다른 존재로 변신해야만 하는 이 여성의 이야기에서는 어쩔 수 없이 침울한 저류가 느껴진다.

비블리스의 변신 이야기는 크레타섬의 수많은 도시에 퍼져 나갈 수도 있었지만, 이피스의 충격적인 변신이라는 더 신비로운 기적에 밀려 그러지 못했다. 오래전 크노소스에서 멀지 않은 파에스토스라는 지역에 명성 따위 없는 한 남자가 살았다. 그의 이름은 리그도스였으며 자유민이었지만 천한 출신에 걸맞게 돈이 별로 없었다. 그러나 그는 정직한 남자였고 사람들에게 존경받았다. 그의 아내 텔레투사가 임신해 출산일이 다가올 무렵 리그도스가 아내의 옆에 앉아 이렇게 경고했다. "나의 기도는 두 가지요. 하나는 당신이 건강하게 순산하는 것이고, 다른 하나는 아이가 남자아이였으면 하는 것이오. 텔레투사, 우리는 여자애를 키울 형편이 못 돼요. 여자애는 골칫거리에 힘도 세지 않으니까. 그러니, 신이시여, 우리에게 자비를 베푸소서, 만일 아이가 여자애라면 죽일 수밖에 없겠소." 그는 용서를 구하며 눈물을 흘렸고, 텔레투사도 그와 똑같이 눈물을 흘렸다. 텔라투사는 그런 기도를 하지 말아 달라고 간청했지만 아무 소용이 없었다. 리그도스의 결심은 굳건했다. 아이가 더 이상 배에 품을 수 없을 만큼 커져서 양수가 터진 날 밤, 텔레투사가 꿈속에서 기도를 올리자 꿈에 이시스가 찾아왔다. 이시스는 수호신들을 대동하고 침대 발치에 서 있었다. 이마에 초승달 모양의 뿔이 나 있었고 머리에는 금실로 밀을 엮어 만든 화환을 쓰고 있었다. 곁에는 개의 머리를 가진 아누비스와 부바스티스, 얼룩덜룩한 황소의 모습을 한 아피스가 있었고, 또 다른 신이 입술 위에 손가락을 올리고 침묵을 명했다. 오시리스도 있었고, 최면성 독으로 잔뜩 부풀어 오른 이집트 뱀도 있었다. 텔레투사가 말똥말똥한 정신으로 눈앞의 광경을 똑똑히 바라보고 있는데 이시스가 이렇게 말했다. "텔레투사, 나의 충실한 숭배자인 너에게 내가 찾아왔도다. 걱정과 근심을 내려놓아라. 남편의 명령은 무시해라. 아이가 태어나면 겁내지 말고 성별과 상관없이 그 아이를 키워라. 나는 내게 호소하는 자를 돕는 여신이다. 나를 숭배하는 자가 보답받지 못한다는 말은 하지 말아야 할 것이다." 이시스는 이렇게 말하면서 방에서 나갔고, 텔레투사는 침대에서 일어나 하늘을 향해 두 손을 들고 꿈이 진짜이게 해 달라고 간절히 기도했다.

마침내 진통이 시작된 텔레투사는 순식간에 아이를 낳았다. 아이는 여자로서 세상에 나왔으나 제 아버지는 그 사실을 몰랐다. 아이 엄마는 모든 사람에게 아들을 잘 부탁한다고 말했고, 오직 산파만이 진실을 알았기에 거짓말은 계속 이어졌다. 아버지 리그도스는 신에게 서약하며 아이를 치켜

들고 아들의 이름을 말했다. 이피스. 리그도스의 할아버지 이름이었고, 아이 엄마는 크게 기뻐했다. 알겠지만 이피스는 남자애와 여자애 모두 흔히 쓰는 이름이었기에 텔레투사는 거짓 없이 그 이름을 쓸 수 있었다. 이렇게 아이를 지키려는 어머니의 노력에서 시작된 거짓말은 계속해서 이어졌다. 아이는 남자애처럼 입었고, 얼굴에서도 아무런 티가 나지 않았다. 어느 몸에서든 아름다웠을 얼굴이었다.

그로부터 13년이 흘렀고, 이피스의 아버지는 아들에게 이안테라는 이름의 금발 신부를 찾아 주었다. 이안테는 파에스토스의 모든 여자들 사이에서 미인으로 칭송받았고, 이피스와 이안테는 나이도 같고 똑같이 매력적인 데다 어린 시절 똑같은 선생님에게 세상을 배웠다. 그랬기에 두 사람의 서로를 향한 사랑은 대등했다. 두 사람의 심장은 대등한 열기로 타올랐으나 그 사랑을 향한 희망은 대등하지 않았다. 사랑스러운 소녀 이안테는 결혼식 날 밤을 기분 좋게 꿈꾸며 이피스가 자기 남편이 되리라 믿어 의심치 않았다. 그러나 이피스의 사랑은 의혹과 두려움으로 가득했고, 그래서 더더욱 이성을 잃고 열렬히 타올랐다. 이처럼 이피스는 사랑에 푹 빠진 여느 소녀와 다름없었다. 어느 날 저녁, 이피스는 눈물을 참지 못하고 탄식하며 말했다. "아아, 이 모든 것은 앞으로 어떻게 될까? 내게는 무슨 일이 벌어질까? 나는 말로 표현할

수 없는 사랑, 전에는 누구도 말해 본 적 없고 들어 본 적 없는 사랑에 사로잡혔어. 무시무시하고 어디에도 비길 데 없는 욕망이야. 신이시여, 나를 구하고 싶었다면 그렇게 했어야죠. 나를 파괴하고 싶었다면 자연스러운 고통으로 그렇게 했어야죠. 암소는 암소를 사랑하지 않고, 암말은 암말을 사랑하지 않아. 숫양은 암양을 욕망하고, 수사슴은 암사슴을 쫓아다니지. 새들의 사랑도 똑같아. 동물의 세계를 전부 살펴봐도 여성이 다른 여성을 사랑하는 경우는 찾아낼 수 없어. 오 신이시여. 내가 여자가 아니었다면! 그러나 내가 사는 이 섬은… 크레타섬은 온갖 비뚤어진 사랑의 고향이지. 이곳에선 가지각색의 기이한 사랑이 태어났어. 파시파에는 소에게 욕정을 느끼지 않았던가? 하지만 그 소는 수컷이었지… 아무 소용 없어. 내 열정이 더 터무니없어. 파시파에조차 사랑을 이룰 수 있다는 희망이 있었는데. 신이시여, 이 세상의 비상한 재주가 전부 이곳에 모인다 한들, 다이달로스가 밀랍 날개를 달고 다시 크레타로 돌아온다 한들 무엇을 어찌할 수 있을까요? 이 세상의 역사에 등장한 기술을 전부 동원한다면 그가 나를 소년으로 바꿀 수 있을까? 그가 너를 변신시킬 수 있을까, 이안테?"

이피스는 정신을 차렸다. "그만해, 이피스. 용감하게 굴어. 이 무모한 사랑은 털어 내고 잊어. 이제 벗어나. 네 몸을 기억해. 너는 여자로 태어났어. 다른 사람을 속인 것처럼 너 자신도 속인 거니? 도의를 지켜, 그리고 여자다운 사랑을 해. 봐, 사랑이 꺼지지 않게 하는 것은 희망이고, 이안테를 향한 너의 사랑엔 희망이 없어. 우리 사이를 막는 감시인은 없지. 질투에 사로잡힌 남편도, 잔인한 아버지도 없어. 그리고 이안테는 너를 사랑해. 그래도 넌 이안테를 가질 수 없어." 이피스는 스스로에게 벌을 주듯 고개를 세차게 흔들었다. "내 기도는 전부 응답받았어. 자애로운 신들은 내게 줄 수 있는 것을 주었어. 내가 원하는 바를 내 아버지도 원해. 마찬가지로 이안테의 아버지가 원하는 바를 이안테도 원하지. 우리를 거부하는 것은 다름 아닌 자연이야. 자연이 내 안에 뿌리를 내리고 내게 고통을 안기고 있어. 이제 결혼식 날이 머지않았고, 곧 이안테는 내 것이 될 테지만 동시에 내 것이 아닐 거야. 사방에 물이 있어도 나는 목이 타겠지. 오 유노여, 오 히멘이시여. 왜 신랑은 없고 신부만 둘인 결혼식을 여시나이까?"

여기서 이피스는 말을 멈췄다. 한편 이안테도 혼란에 빠져 있었다. 이안테도 기도를 올리고 있었지만 그 내용은 히멘에게 결혼식을 앞당겨 달라는 것이었다. 이러한 이안테의 갈망만큼이나 큰 것이 바로 이피스의 어머니, 텔레투사의 불안이었다. 텔레투사는 필사적으로 시간을 벌며 결혼식을 미뤘고, 온갖 종류의 질병과 불길한 징조, 미래를 예언하는 험

악한 꿈을 지어냈다. 그러나 다채로운 핑계들도 이내 바닥
이 났다. 횃불에 불을 붙일 날이 다가왔다. 결혼식이 단 하루
밖에 남지 않았다. 텔레투사와 이피스는 머리를 풀고 얼굴에
곱슬머리를 늘어뜨린 채 이시스의 제단 앞에 매달렸다. "파
라에토니움에 나타나시고, 마리우트 호수에 나타나시고, 파
로스와 나일강의 일곱 줄기에 깃들어 계신 여신이시여, 우리
를 도와주세요, 지금 우리를 찾아와 주세요, 저희가 곤경에
빠졌습니다. 제가 꿈속에서 마지막으로 당신을 본 것은 아주

오래전이었습니다. 저는 당신을, 당신의 상징과 수호신을 전부 알아보았습니다. 짤랑거리는 시스트라 소리도 들었습니다. 제가 당신의 말을 기억하지 않았나요? 당신의 명령을 따르지 않았나요? 제 아이를 살리고 남편의 분노에서 우리를 지킨 것은 바로 당신의 선물, 당신의 지혜였습니다. 이시스여, 저희를 가엽게 여기어 지금 당장 도와주세요." 텔레투사는 엉엉 울며 기도했다. 그때 무언가가 꿈틀했다. 이시스의 제단이 흔들리며 덜덜 떨리기 시작했다. 문들이 경첩에 매달려 열렸다 닫혔다 했고, 이시스의 조각상에 달린 뿔이 불빛을 쏘아 내는 듯했다. 소리다! 이시스의 탬버린인 시스트라까지 짤랑짤랑 울리기 시작했다. 여전히 불안했던 텔레투사는 마음속으로 이 불길한 징조에 매달렸다. 그리고 이피스와 함께 신전을 걸어 나왔다. 그런데 이상하게도 딸의 보폭이 더 커진 것 같았다. 이상하게도 딸의 얼굴빛이 더 어두워진 것 같았다. 그리고 정말이지 기이하게도 딸의 이목구비가 더 날렵해진 것 같았다. 풀어헤친 곱슬머리조차 전보다 짧아진 것 같았다. 딸에게 전에 없던 정력이 생겼다… 그때 불현듯 깨달았다. 소녀였던 이피스가 이제 소년이 된 것이었다. 아아, 이제 가렴, 이피스! 어서 가서 성지에 공물을 잔뜩 바치렴! 기뻐하렴! 모녀는 기쁨을 표하고자 즐겁게 성지로 달려가 다음 글귀가 새겨진 봉헌패를 바쳤다. 이피스는 이제 남자가 되어 소녀일 때 약속한 이 선물을 바칩니다. 이로써 아

침 해가 빛으로 온 세상을 밝히고 베누스와 유노, 히멘이 결혼식 횃불 옆에 모였을 때, 소년 이피스가 도착해 사랑하는 이안테와 결혼식을 올렸다.

소피아의 주문

『숩플레멘툼 마기쿰』

『숩플레멘툼 마기쿰』에 실린 이 '결합 주문'은 서기 3세기나 4세기경에 쓰인 것으로 추정되며 이집트에서 발견되었고 열렬한 욕망으로 가득하다. 납으로 만든 서판에 쓰인 이 글은 로마령 이집트에 있었던 두 여성 간의 강렬한 사랑을 보여 주며 해독 불가능한 마법어가 잔뜩 등장한다. 소피아라는 이름의 여성이 또 다른 여성인 고르고니아의 간을 자신을 향한 사랑으로 불태우고자 지하 세계의 수많은 신을 소집한다. 마법어 ─워케스 마기카이voces magicae─는 의미를 알 수 없지만 주문의 위력과 악령들의 이름을 뜻하는 것으로 보인다. 이 주술은 자극적이고 격렬하며 역동적이고, 고르고니아를 소피아 자신의 '노예'로 삼겠다는 권력욕과 지배욕이 넘쳐흐른다. 학자 루시 파에 따르면 이러한 언어는 당대 이성 간의 성적인 주문에서도 흔히 발견되며, 폭력과 흑마법의 리듬 패턴으로 가득 차 있다. 주문은 먼저 지하 세계의 입구를 지키는 머리 셋 달린 개, 케르베로스를 소환하며 시작된다.

창공 아래의, 칠흑 같은 어둠 속의, 오, 날카로운 이빨을 가진
케르베로스여, 뱀으로 휘감긴 너의 세 머리가 돌아가는구나.
오, 내세라는 미지의 영토를 거니는 여행자여, 내게로 오라.

머리카락이 뱀이고 따가운 채찍을 휘두르는 그 흉포한 복수의 여신들과 함께 오라. 내가 그대를 소환하니 이곳으로 올라오라. 내가 이 주문으로 명령하고 설득하기 전에 불을 뿜는 악령이 되어 나타나라. 자, 내 말을 듣고 재빨리 움직여라. 나를 거역하지 말라. 그대들은 이 땅의 지배자다.

알랄라코스 알레크 하르마키메네우스 마기메네우스 아티넴베스 아스타자바토스 아르타자바토스 오쿰 플롬 이온차키나카나 그대 아자엘과 리카엘과 벨리암과 벨레니아와 소코소캄 소모칸 소조캄 우자캄 바우자캄 우에두크

오, 심연에서 소환된 시체 악령이여, 닐로게니아의 딸 고르고니아의 심장과 간과 영혼을 불태워라. 이사라의 딸 소피아를 향한 사랑과 갈망을 불어넣어라. 고르고니아를 제압하고 짓눌러서 이사라의 딸 소피아가 있는 목욕탕에 뛰어들게 하라. 그리고 너 시체 악령은 목욕하는 여자가 되어 불을 지펴라. 고르고니아를 불태우고, 그녀의 영혼에 불을 지피고, 그녀의 심장과 간, 영혼에 불을 붙여 열기로 그을리는 광경을 지켜보라. 닐로게니아의 딸 고르고니아가 고통받으며 한시도 편히 쉬지 못하게 하라. 낮이건 밤이건, 밤이건 낮이건, 거리에서건 집에서건, 소피아를 향한 욕정과 사랑으로 불타오르게 하라. 고르고니아가 노예처럼 굴복하고 자신이 가진 모

든 것을 소피아에게 바치게 하라, 신이 명령하게 하라!

이아르타나 우수시오 입센탄초카인추에오크 아에에이오
요 이아르타나 우시우시우 입소엔페우타데이 ㅣ 안누케오
아에에이오요

타르타로스와 스틱스와 잔인한 레테의 창을 들고 계신 내세
의 신성한 제왕이여, 보라. 케르베로스의 등에 난 털도 그대

가 두려워 바짝 서지 않았는가. 에리니에스의 채찍을 휘둘러라. 나는 그대가 누운 페르세포네의 침상이 얼마나 푹신한지, 그 침상이 그대에게 얼마나 큰 위로인지 안다. 그대가 창공을 뒤흔드는 사라피스이건, 이집트의 별 오시리스이건, 그대의 부하는 모르는 것이 없는 소년이고, 죽은 자들의 비범한 전령인 아누비스도 그대의 것이지 않느냐. 나와라, 이곳으로 와서 나를 도와라. 내가 주술과 무시무시한 상징으로 너를 불러내리라.

아카이포 토토 아이에 아이에 아이 아이 에이아 오토트 오피아카 에멘 바라스트로무아이 몬심피리스 토팜미이아르테이아이아이마 사아오오에우아세 엔베루바아멘 우랄리스 소탈리스 소테 무 락트라시무르 아코라메 크레이미에르 모이팁스 타밥스라부 틸바르픽스 | 자메네트 자타라타키파르타나 안네 에레슈키갈 에플랑가르보티토에아 디아닥스 소타라 시에르세이르 심미타 프렌노바타 오아이—레이코이레타케스트레우 이옥세이아르네우 코리네우크니오로 알리스 소테오트 도데카키스테, 꼬리의 끝을 삼키고, 소크—루메 수치아르 아녹 아녹 브리탄드라 스킬름—아칼 바트라엘 아마브리마 크렘라 아오스트라킨 아무 살레나사우탓 콜라 소르상가르 마두레 | 보아사라울 사루차 시시로 자카로 이비비 바르발 소부치 오시르 우오아이 아젤 아바다

오트—이오바다온 베르바이소 키오 이이이 프토발 라마크 카마르코트 바사르 바타라르 네아이페시오트—포르포르 이이제 이제 치치 치치

닐로게니아의 딸 고르고니아를 붙들어 목욕탕에 몸을 던지게 하라. 이사라의 딸 소피아를 위해, 오로지 소피아만을 위해 그리하게 하라. 지하의 신이여, 바로 그렇게 불태우고, 불태우고, 고르고니아의 심장과 간, 영혼에 불을 붙여 나를 향한 사랑과 욕정으로 활활 타오르게 하라. 내게 푹 빠져 정신 못 차리게 하라. 쉴 새 없이 고통받게 하라. 길거리와 집 안을 마구 쏘다니게 하라. 소피아의 노예가 되게 하라. 자신이 가진 모든 것을 내어놓게 하라. 정신줄을 놓게 하라. 오, 지하 세계의 무시무시한 악령이여, 이 서판에 쓰인 주문을 읽고 실천에 옮겨라.

토바라바우 세메세일람프스 사시벨 사레프토 이아오 이에우 이아 트이에오에오 아에에이오요 판추치 타싸우토 소트프레 이페켄보르 세센겐 바르파라게스 올람 보로 세판사세 토바우스토 이아프트프 수 토우

주문을 다시 외우노니 내 욕망을 거부하지 말지어다. 소피아를 위해 고르고니아를 목욕탕에 처넣어라. 불태우고, 불태우

고, 고르고니아의 심장과 간, 영혼에 불을 붙여 타오르게 하라. 이것이 신의 뜻이다.

아코르 아코르 아크차크 프투미 차크초 차라초크 차프투메 차라차라코르 아프투미 메초카프투 차라크프투 차카초 차라초 오테나초체우 그리고 시시로 시시 페르무 크무오르 하루에르 아브라사즈 프누노보엘 오클로바 자라초아 바캄 케크라고 불리는 바리카모

고르고니아가 목욕탕에 몸을 던지게 하고 불을 지펴라. 고르고니아가 열렬하게, 끝 간 데 없이, 괴로워하며, 부단히 소피아를 사랑하게 하라. 오 태양이여, 꿀을 지니고 만드는 자여, 고르고니아를 영혼들의 지옥에 던져 넣어라. 고르고니아를 내 것으로 만들어라. 파괴하라. 고통스럽게 하라. 불태워라. 고르고니아를 온전히 내게 바쳐라.

키스의 밭

카툴루스, 「48」

시인 카툴루스는 다양한 분위기의 글을 쓰는 작가다. 대체로 길이가 짧은 그의 시들은 아름답고 울림이 좋은 것으로 유명하며, 사랑을 적나라하게 표현하기 때문에 일부 독자는 이 특징을 외설스럽다고 여길 수도 있다. 이 시는 카툴루스가 자신의 남성 연인 중 한 명이었던 유벤티우스에게 바친 관능적이고 낭만적인 작품이다. 나는 이 시가 풍성함과 만족감의 상호 작용을 예리하게 감지한다는 점이 마음에 든다. 희귀한 것을 욕망하거나 사랑을 유한한 것으로 이해하는 대신, 이 시는 햇볕을 받아 잘 여문 추수철의 밀밭이라는 풍요의 이미지를 제시한다. 이 시는 키스의 횟수를 세려고 하지만 어느 순간 키스는 동전이나 시간처럼 셀 수 없다는 사실을 깨닫는다. 카툴루스는 마치 이렇게 말하는 것 같다. 키스는 하면 할수록 더더욱 많이 하게 된다. 키스는 하면 할수록 더더욱 많이 원하게 된다.

유벤티우스, 꿀에 흠뻑 젖은 듯한
그대의 황금빛 눈동자는 내 입술을 갖다 대면
또한 달콤하기까지 하군요—
30만 번의 키스로도 충분치 않습니다.

늦여름 따뜻한 햇살 아래 잘 여문 밀밭에서
호박색 낱알 하나를 뜯을 때마다 키스를 한대도,
밀 다발이 끝없이 쌓여 있대도,
내 사랑, 그렇다 해도 부족할 것입니다.

푸리우스와 아우렐리우스

카툴루스, 「16」

15번 시에서 카툴루스는 아우렐리우스에게 자신이 가장 사랑하는 "나의 소년"을 맡긴다. 그러면서 아우렐리우스에게 소년을 잘 보호하고 소년과 절대 섹스하지 말라고 명한다. "발기한 네 물건을 어디에 휘두르든 상관없지만, 나의 소년에게는 안 되네." 특히 섬뜩한 부분에서 카툴루스는 아우렐리우스가 명령을 거역한다면 그의 두 발을 사슬로 묶고 순무와 숭어 지느러미를 아우렐리우스 항문의 "열린 문"에 박아 넣겠다고 경고한다. 16번 시라고도 불리는 다음 시에서 카툴루스는 뜨거운 복수심에 사로잡혀, 자신을 본인의 시만큼이나 음탕하다고 비난한 두 연인, 아우렐리우스와 푸리우스에게 분노를 쏟아 낸다.

네놈들 입에 재갈을 물리고 머리를 꿇릴 것이다,
푸리우스와 아우렐리우스, 이 돼지와 사육사 같은 놈들아.
내가 내 시만큼 음란하다고?
시인은 추잡한 글을 쓰며 순결한 생활을 할 수 있다.
내가 약간의 열기와 땀, 양념을 더해
털이 부숭부숭한 영감들의 그곳을 서게 하는 것이 뭐 어때서?
"수천 번의 키스"와 "달콤한 입술"을 노래하면

남자답지 못한 것인가?
이리로 오라. 다시 말해 보라.
네놈들의 후장을 쟁기로 후벼 파고
네놈들의 상판을 박살 내면서
남자다운 것이 무엇인지 알려 줄 테니.

필라이니스의 위업

마르티알리스, 『풍자시』

마르티알리스의 '음란한' 풍자시는 종종 너무 야하다는 이유로 영어로 번역되지 않았다. 로엡 고전 총서Loeb Classical Library(1919) 나 본 고전 총서Bohn's Classic Library(1897)에서 이 두 시를 찾으면 아마 빈 페이지를 만나게 될 것이다.

이 시에서 마르티알리스는 소년과 소녀를 지배하면서 성적 쾌감을 얻는 앤드러자인 여성 필라이니스를 묘사한다. 비록 어조에 혐오감이 섞여 있긴 하지만, 이 시는 너무 강하고 전복적이어서 이성애자의 시선을 완전히 뒤엎어 버리는 퀴어 여성의 이미지를 제시한다.

다이크의 왕 필라이니스는 소년들을 따먹는다네.
결혼한 남자보다도 더 호색한이라네.
하루에 거의 열두 명의 소녀와 떡을 친다네.
치마를 걷어붙이고 남자들의 스포츠에 뛰어들어
몸에 모래를 뿌리고 씨름을 벌인다네.
게이들과 함께 덤벨을 휘두르며 땀 냄새를 풍기다
운동이 끝나면 술을 들이켜고
식사 시간에 맞춰 전부 게워 낸 다음

훈련용 식단 16인분을 먹어 치우고서

트림 한 번으로 씻어 내린다네.

강하고 믿음직한 그녀는

이제 섹스할 준비를 마쳤다네. 고추는 빨지 않는다네.

그건 계집애 같은 놈들이나 하는 짓이니.

그녀는 여자들의 틈 사이로 혀를 집어넣는다네.

다이크의 왕 필라이니스, 신께서

그대의 부치 심장이 원하는 모든 것을 하사하시기를.

부치 중의 부치

마르티알리스, 『풍자시』

이 짧은 풍자시에서 독자는 필라이니스와 다시 만난다. 마르티알리스는 독자에게 필라이니스의 힘과 타고난 우월함을 경외하라고 촉구하는 듯하다.

보지 성애자 중 최강자인 여왕 중의 여왕,
필라이니스, 그대가 따먹는 여자를 그대의 애인이라고
부르는 것은 지극히 당연합니다.

바사는 당신에게 반하지 않았다

마르티알리스, 『풍자시』

마침내 우리는 바사를 만난다. 바사는 오로지 여자들하고만 어울리며 남성 화자의 시선을 거부한다. 이 시에는 깊은 짜증과 비난이 담겨 있는 동시에, 바사가 화자의 모욕적인 발언을 무시하는 듯(적어도 반응하지 않는 듯) 보인다는 사실에서 멋진 저항의 감각이 느껴진다. 바사는 남자에게 아무 관심이 없으며, 이 귀찮은 화자에게 자기 시간을 낭비할 생각이 전혀 없다.

그런데 바사, 나는 그대가
남자와 키스하는 장면을 본 적이 없어.
그 화려한 입담으로 남자를 꾀는 일도 없더군.
모든 질문의 답을 동족 사이에서 찾았으니
그대에게 접근하는 남자도 없었지.
내 눈에 그대는 완벽한 신붓감이었지만
괘씸하게도 당신은 여자들과 뒹굴었지.
바사, 그대는 감히 자기 보지를 다른 보지에 비비고
장난감 페니스를 갖고 놀았어.
참으로 대단한 수수께끼를 지어냈더군, 바사.
스핑크스조차 당신이 자랑스러울 거야.

여기 남자는 한 명도 없는데
간음은 사방에 널렸으니.

사포와 아티스

사포, 96

사포의 시는 원래 음악 반주에 맞춰 부르는 노래 가사였다. 대부분의 시가 사라지고 없지만 사포는 과거에 그랬듯 지금도 가장 존경받는 고대 시인 중 하나다. 레스보스섬 출신인 사포의 사랑 가득한 시들은 레즈비언 정체성의 시금석이 되었다. 앞으로 소개할 시 두 편은 지금까지 살아남은 시들의 파편적인 특성과 감각적인 묘사력을 잘 보여 준다. 첫 번째 시에서는 이름을 알 수 없는 한 리디아 여성이 여기서 "너"라고 지칭되는 인물로 보이는 아티스라는 여성을 떠올린다. 중간중간 나타나는 공백은 사랑의 혼란스러움, 갈망에 휩싸인 머릿속에 언뜻언뜻 떠오르는 이미지와 추억을 보여 주는 듯하다.

리디아의 사르디스에서도…
그녀의 생각은 이곳에 붙들려 있어…

그녀의 여신은 다른 누구도 아닌
바로 너였어, 너의 노래는

그녀의 큰 기쁨이었지… 이제 그녀는

리디아 여자들 사이에서

은은한 달이 창공의 모든 별을
압도하듯 반짝반짝 빛나고 있어

해가 지면… 그녀는 초원과 짭조름한 바다,
이슬을 머금고 피어나는 장미,

보석처럼 이슬을 단 처빌과
스위트 클로버에 고루 빛을 뿌리지…

그렇게 그녀는 사르디스를 서성이며 아티스를 그리워하고,
그녀의 부드러운 마음은 과거로 타들어 가고 있어…

나 없는 너를 바라보며

사포, 31

단편시 31번은 사포의 가장 유명한 시 중 하나다. 화자는 남자에게 애무받는 한 젊은 여자를 바라보며 저 남자의 자리를 차지하고 싶다는 강렬한 욕망을 드러낸다. 이 시에서 표현되는 거리감과 관능적인 열망, 단절감은 사랑의 불길을 진압하는 대신 오히려 견딜 수 없을 만큼 활활 타오르게 한다. 이 시는 짝사랑하는 사람이 방 건너편에서 안을 몰래 들여다보며 제3자에게 하소연하는 놀랍도록 친근한 이미지를 통해, 질투가 일으키는 신체적 감각—피부 속을 아프게 찌르는 불꽃, 두려움—을 생생하게 그려 낸다.

> 저 남자는 하늘에서 내려온 신 같아,
> 너를 짓누르며 얼굴을 맞대는 저 남자,
> 달콤한 대화 속에 한데 뒤섞인 두 사람의 숨결과
> 끌어안은 몸에서 터져 나오는 웃음…
>
> 두 사람을 바라보는 내 심장이
> 파르르 떨리고 가슴이 먹먹해.
> 입을 떼 보려 해도 네 모습 앞에서

목소리가 나오지 않아.

내 피부 아래서 불꽃이, 거즈처럼 얇은 불길이
어른어른 타오르고, 시야는
희뿌옇게 흐려지고, 귓가에
천둥처럼 쾅쾅 울리는 내 심장 소리가 들려,

너를 바라보는 내 얼굴은 풀처럼 누렇고,
창백해져 곧 죽어 버릴 것 같지만
난 언제까지나 이런 느낌 속에서
여길 떠날 수 없단 걸 알아…

아폴론과 키파리소스

오비디우스, 『변신 이야기』

이 짧은 이야기에는 케오스섬에 사는 아름다운 청년 키파리소스
가 등장한다. 아폴론의 사랑을 받는 키파리소스는 이 섬의 네 개
도시국가 중 하나인 카르타이아의 님프들이 총애하는 수사슴을
무척이나 아낀다. 이 수사슴은 사람을 잘 따르고 진귀한 보석 장
식을 달고 있다. 어느 날, 키파리소스가 던진 창에 수사슴이 맞아
죽는 비극적인 사고가 발생한다. 아폴론은 슬퍼하는 키파리소스
를 불쌍히 여겨 그를 예로부터 애도 및 지하 세계와 결부되는 삼
나무로 변신시킨다.

군중 사이에, 마치 경주로의 코너를 알리는 표지인 듯한 원
뿔 모양 삼나무가 한 그루 서 있다. 그러나 그 나무는 한때 소
년이었다. 리라를 연주하고 활시위를 당기는 신의 사랑을 받
던 소년.

옛날에 카르타이아의 들판에 출몰하는 님프들에게 바쳐진
덩치 큰 수사슴 한 마리가 있었다. 이 수사슴에게는 거대한
뿔이 달려 있었다. 뿔의 가지가 얼마나 길게 뻗었던지 머리
위로 그늘이 드리워질 정도였다. 사슴의 뿔은 금빛으로 빛났

고, 목에는 보석 목걸이를 걸고 있었다. 은색 공이 장신구처럼 사슴의 이마에 매달려 달랑거렸고 움푹 들어간 관자놀이에는 구릿빛 진주들이 달려 있었다. 이 사슴은 두려움을 느끼지 않았고 수줍어하는 본성을 새까맣게 잊었다. 그래서 사람들 집을 찾아다니며 목을 쭉 뻗고 쓰다듬어 달라고 청하곤 했다. 케오스섬의 소년 중 가장 아름다운 키파리소스에게 이 사슴은 그 무엇보다 소중한 존재였다. 키파리소스는 사슴을 푸르른 들판과 맑은 샘물로 데려갔다. 들꽃을 꺾어 사슴의 뿔을 장식해 주었다. 때로는 기수처럼 사슴의 등에 올라타 보랏빛 고삐로 사슴을 부드럽게 이끌며 여기저기를 함께 돌아다니기도 했다.

게자리의 집게발이 태양 아래 불타오르는 어느 여름의 한낮이었다. 더위에 지친 수사슴은 시원한 숲속의 그늘진 풀밭에서 쉬고 있었다. 잘생긴 키파리소스는 혼자 놀면서 허공에 창을 던졌고, 우연히 그 창이 수사슴의 몸을 꿰뚫었다. 사슴의 치명적인 상처를 보고 고통스러운 울부짖음을 들은 키파리소스는 자신도 그 옆에서 죽을 수 있기를 간절히 바랐다. 눈부신 아폴론이 키파리소스를 아무리 달래고 귓가에 위로의 말을 아무리 속삭여도 소년은 마음을 진정하지 못했고, 비통한 마음으로 탄식하며 신들에게 자신이 영원히 슬퍼하게 해 달라고 빌었다. 키파리소스는 피가 다 말라 버릴 만큼 펑펑 눈물을 흘리다 팔다리의 색깔이 점차 초록색으로 바뀌

기 시작했고, 창백한 이마 위에 늘어뜨려져 있던 머리카락이 딱딱하게 곧추서서 우거졌으며, 몸통이 하늘을 찌를 듯이 뾰족하게 솟아올라 그대로 굳어 버렸다. 아폴론은 애통해하며 탄식하듯 말했다.

"나는 너를 평생 애도할 것이고, 너 또한 다른 이들을 애도하며 영원히 그들의 슬픔을 상징하게 될 것이다."

나를 버린 알페누스

카툴루스, 「30」

이 시는 완전히 버림받은 느낌을 담고 있다. 카툴루스는 차여서 낡은 코트처럼 버려진 연인으로 등장한다. 애인에게 배신당한 그는 세상에 대한 신뢰를 완전히 잃어버린다. 그러나 이내 카툴루스의 뾰족한 면이 되살아난다. 그는 신이 정의를 구현하리라 믿으며 전 연인에게 머지않아 그 업보를 돌려받게 될 것이라고 경고한다.

나를 버린 알페누스여, 동료, 연인
가릴 것 없이 변덕스럽게 구는 사람이여,
그대는 나를 까맣게 잊었는가?
내 사랑을 낡은 코트처럼 그렇게 쉽게 내버릴 수 있었는가?
아아 알페누스여, 하늘에서 신들이 지켜보고 계시네.
당신은 쓰러진 나를 버리고 유유히 떠났지.
이 세상에 믿을 수 있는 게 하나도 없단 말인가?
우정을 믿을 수 없단 말인가?
한때 그대는 나를 내 안에서 끌어내
우리의 영혼을 하나로 묶고
내 걱정, 고민을 보듬어 살펴 주었지.

그러나 당신이 떠난 지금, 바람이 나를 깨끗이 쓸어 버렸어.
모든 것이 사라지고, 그 모든 세월이 구름 속에 흩어졌지.
그러나 그대가 한 짓을 보고 신들이 씨를 뿌렸다네.
조만간 그 쓰디쓴 싹을 뜯어 그대에게 맛보이시리.

일종의 기도

카툴루스, 「50」

다시 사랑에 빠진 다정한 카툴루스를 만날 수 있어서 다행이다.
이 시에서 그는 달콤하고 흥미진진한 불안과 가능성으로 가득한
사랑의 초입에 서 있다. 이 시는 그 자체로 리키니우스에게 바치
는 하나의 징표이자 간청이다. 카툴루스는 감히 다시 사랑할 수
있기를 희망하며 사람의 마음이 얼마나 소중한지, 새로운 사랑
이 얼마나 진귀한 것인지, 그 사랑이 초기에 얼마나 쉽게 망가질
수 있는지를 리키니우스가 깨닫기를 바란다.

겨우 어제였지요, 리키니우스.
우리가 하릴없이 시를 지으며 놀았던 것이요.
우리는 음보를 바꾸고,
형식과 울려 퍼지는 소리를 실험하고,
포도주를 마시며 심상을 떠올렸지요.
당신의 얼굴, 당신의 재치에 나는
새빨갛게 타올랐습니다.
잠자리에 들었지만 잠들 수 없었어요.
어둠 속에서 뒤척이고 또 뒤척이며
빛이 들기를, 아침이 밝기를, 그대를 다시

만날 수 있기를 간절히 바랐어요.

맙소사, 나는 진땀을 흘렸습니다.

그대의 얼굴이 보였고,

그대의 목소리가 들렸습니다.

침대에 누워 그대를 위해 이 시를 썼습니다.

우리 행복과 내 그리움의 증거이자 기록이지요.

누구보다 소중한 리키니우스, 부디 내던지지 마세요.

이것은 일종의 기도랍니다.

그대와 내가 다 망치는 꼴을 보려고

네메시스가 호시탐탐 기다리고 있으니까요.

루크레티우스가 말하는 욕망

루크레티우스, 『사물의 본성에 관하여』

루크레티우스의 서사시 『사물의 본성에 관하여』는 지진에서 야금술, 영혼에 이르기까지 광범위한 주제를 다루는 방대하고도 기이한 책이다. 루크레티우스는 만일 내세도 없고 신의 개입도 없다면 삶의 주목적은 바로 쾌락일 것이라고 말한다.

이 문단이 나오기 직전에 그는 우리가 잠들었을 때 우리의 상상력이 세상에 반응하는 방식을 고찰한다. 꿈을 계시로 여기는 사람들과 달리, 그는 꿈을 매우 현대적인 방식으로, 즉 놀고 탐험하며 우리의 욕망을 실천할 수 있는 장소로 이해한다. 그리고 여기서 대담하게 몽정이라는 주제로 넘어가 우리의 정신이 잠들었을 때도 쾌락을 찾아 떠나는 방식을 살핀다. 이 시는 해부학과 철학을 아름답게 넘나들며 몸과 마음, 사랑의 신비를 풍성하게 끌어낸다.

청소년기가 찾아와 몸이 강건해질 때
그것이 찾아온다.
우리 안에서 씨앗이 깨어나 팔다리를 자극하고
눈앞이나 기억 속에 있는 다른 이의 이미지가
마음속에 쳐들어와 사랑스러운 얼굴과

살냄새를 느끼게 한다.
어린 소년들은 매일 밤 꿈에서 그 이미지들을 만나
최고조의 흥분에 이르고, 그렇게 씨앗이
(마치 실제로 그 행위를 한 것처럼)
몸 밖으로 터져 나와 시트를 흠뻑 적신다.
앞에서 말했듯 그 씨앗은 소년이 장성하여
전에는 몰랐던 충동을 느낄 때 활성화된다.
오로지 타인만이 그 씨앗을 싹 틔울 수 있다.
처음에는 몸통에서 시작해 팔다리와
여러 장기로 퍼져 나가고,
결국 다리 사이에서 부풀어 올라
페니스를 곧추서게 한다.
그러면 소년은 씨앗을 싹 틔운 이를 향해
그것을 배출하고 싶을 수밖에 없다.
소년의 마음에는 사랑의 상처가 남고,
소년은 타격을 가한 이를 그리워한다.
칼에 찔린 병사가 칼 쪽으로 쓰러지고
깊이 베인 상처가 가해자 쪽으로 피를 뿜어내듯이.
이렇게 베누스의 화살에 꿰뚫린 사람은
—가해자가 팔다리가 호리호리하고
여자애 같은 소년이든 또는 여성이든—상처의
근원을 바라보며 하나 되기를 갈망하고

자기 씨앗을 간절히 내뿜고자 한다.
이 욕망의 이미지는 절박하면서도 달콤하며,
말은 없을지라도 크나큰 즐거움을 예언한다.

목욕탕에서의 배신

페트로니우스, 『사티리콘』

1세기 후반에 쓰인 『사티리콘』은 라틴어로 쓰인 허구적 이야기다. 산문과 운문이 섞여 있지만 때때로 소설이라 불리기도 하는 이 작품은 화자인 엔콜피우스와 그의 노예이자 연인인 잘생긴 16세 소년 기톤의, 때로는 불편하고 대개는 충격적인 기이한 모험을 따라간다.

이 작품에서 특히 주목할 만한 점은 페트로니우스가 연애담과 냉혹한 유머를 결합해 풍자와 감상적인 정서를 한데 버무린다는 것이다. 이러한 조화는 배신과 변심의 고통이 뼈저린 후회로 누그러지는 다음 장면에서 멋지게 드러난다. 바로 앞의 일화에서 기톤은 아스킬투스라는 또 다른 남자에게 유혹당하다가 엔콜피우스에게 발각되자 아스킬투스 곁에 남겠다고 결정한다. 홀로 며칠을 보낸 엔콜피우스는 기분이 나빠져서 복수를 하겠다며 칼을 들고 나서지만, 결국 마음을 풀고 우연히 어느 화랑에 들어간다. 그러다 에우몰푸스라는 이름의 나이 든 시인과 함께 집으로 돌아오는 길에 우연히 기톤과 마주친다. 그다음 장면에서는 간음과 화해, 고통스러운 기억에 관한 이야기가 펼쳐진다.

그때 기톤이 보였다. 그는 슬프고 당혹스러운 얼굴로 수건과

빗을 들고 벽에 기대서 있었다. 노예라는 자신의 처지 때문에 마음이 편치 않고 실의에 빠졌음을 알 수 있었다. 기톤은 고개를 돌려 나와 눈이 마주치자 기쁨으로 얼굴이 환해졌고, 내게 이렇게 말했다.

"형제여, 나를 용서하세요. 보세요, 이곳에는 무기도 없고 협박하는 사람도 없으니 지금 나는 솔직하게 말할 수 있어요. 이 미개한 범죄자에게서 멀리 떨어진 곳으로 날 데려가 줘요. 원하는 만큼 나를 벌줘도 좋아요. 난 지난 일을 뼈저리게 후회하고 있고, 죽게 된다 해도 당신의 의지로 당신의 손에 죽는다는 사실을 알면 마음이 편할 거예요."

나는 누군가 우리의 계획을 엿듣고 있을지 모르니 기톤에게 목소리를 낮추라고 말했다. 그리고 에우몰푸스를 버려두고―그는 목욕탕에서 시를 낭송하고 있었다―눅눅하고 어두운 출구로 기톤을 끌고 나와 그와 함께 곧장 내 숙소로 도망쳤다. 일단 문을 잠그고 나서 기톤을 끌어안고 그의 볼에 내 얼굴을 비볐다. 볼이 눈물로 젖어 있었다. 우리 둘 다 한참을 아무 말도 못 했다. 내 소년의 아름다운 몸은 흐느껴 우느라 들썩이고 있었다.

"창피하고도 놀라운 일이야." 내가 말했다. "네가 날 버렸는데도 내가 여전히 널 사랑한다는 것이. 왜인지 내 마음의 흉터가 사라졌어. 원래 커다란 상처가 남아 있었는데 말이지. 해명해 봐! 내가 뭘 잘못했어? 왜 낯선 사람에게 네 몸을 맡긴 거야?"

기톤은 내 말을 듣고 내가 아직 자신을 사랑한다는 사실을 깨닫고는 고개를 들어 나와 눈을 맞췄다. 내가 말을 이었다. "난 너에게 선택권을 줬어. 내 사랑을 네 손에 맡겼다고. 하지만 네가 약속을 지키고 네 사랑을 증명한다면 더 이상 말을 보태지도, 이 일을 다시 꺼내지도 않을게."

나는 이렇게 말하는 내내 눈물을 흘렸고, 기톤은 자기 망토로 부드럽게 내 눈물을 닦으며 이렇게 말했다.

"자, 엔콜피우스, 다시 기억을 떠올리고 의심해 봐요. 내가 당신을 떠난 건가요, 아니면 당신이 나를 배신한 건가요? 이것 하나만은 당당히 인정할 수 있어요. 난 내 앞에 무장하고 선 두 명의 남자를 봤을 때 더 강한 쪽을 선택한 거예요."

나는 그 자그맣고 지혜로운 가슴에 입을 맞추고 그의 목에 양팔을 두르고 그를 끌어안았다. 그렇게 해서 내 마음이 풀렸으며 서로에 대한 완벽한 이해 속에서 우리의 우정이 새로 태어났음을 알렸다.

밤이 깊어 사방이 캄캄해지고 여주인이 우리의 저녁 식사 주문을 받아 갔을 때 시인 에우몰푸스가 밖에서 문을 두드렸다.

"거기 몇 명이나 있습니까?" 나는 혹시 에우몰푸스가 아스킬투스를 데려오지는 않았을까 싶어서 문에 난 작은 틈으로 밖을 내다보며 외쳤다. 그리고 에우몰푸스가 혼자임을 확인한 뒤 문을 열어 그를 맞이했다. 에우몰푸스는 곧장 침대로 뛰어들었다가 고개를 들어 기톤이 식탁에 앉아 있는 것을 보고 고개를 끄덕이며 말했다.

"네 가니메데스의 용모가 마음에 드는군. 오늘은 우리 둘 모두에게 좋은 날이 되겠어."

나는 이 괴상한 발언이 전혀 기쁘지 않았고, 방 안에 아스킬투스 같은 인물을 들인 것은 아닌지 걱정되기 시작했다. 그러나 에우몰푸스는 입을 다물지 않았고, 기톤이 술을 따라 건네자 이렇게 말했다. "목욕탕에 있던 그 어떤 남자보다 네가 더 낫구나." 그는 한 번에 잔을 비우고 그날 저녁 목욕탕에서 겪은 이야기를 들려주기 시작했다.

"목욕하다가 거의 매질을 당할 뻔했지 뭐야." 그가 울부짖었다. "돌아다니면서 남자들에게 시를 읊으려 했다는 이유로 말이야. 극장도 아닌데 놈들이 나를 밖으로 쫓아냈어! 그래서 당신 이름을 쩌렁쩌렁 외치면서 구석구석을 뒤지고 다녔지. '엔콜피우스!' 그런데 목욕탕 저편에서도 홀딱 벗은 청년 한 명이 방황하고 있는 거야. 그 청년은 옷가지를 싹 다 잃어버리고 엔콜피우스를 찾는 나처럼 기톤의 이름만 커다랗게 외치고 있었어.

내 목소리를 흉내 내며 나를 조롱하던 놈들이, '기톤! 어디 있는 거야? 내게로 돌아와!'라고 거듭 외치는 그 홀딱 벗은 청년을 보고는 그를 우르르 둘러싸고 감탄하듯 바라보며 박수갈채를 보내는 게 아니겠어. 그게, 그 청년의 고추가 어마

어마하게 컸거든. 마치 페니스가 청년의 몸에 붙어 있는 게 아니라 그 청년이 페니스에 붙어 있는 것 같더라니까! 참으로 훌륭한 장비를 갖춘 청년이었지. 순식간에 도와줄 사람이 등장한 것도 전혀 놀랍지 않았어. 호색한으로 악명이 높다는 무슨 로마의 기사가 청년에게 자기 옷을 주고 제집에 데려갔는데, 내 생각에는 한탕 즐기려고 그런 것 같아. 한편 나는 여전히 알몸으로 덩그러니 남아 있었는데, 시종이 내 소지품을 돌려주려 하지 않는 거야. 옛말에도 있듯이 갈고닦은 고추가 갈고닦은 재치보다 더 유용한 법이지…."

에우몰푸스가 이 이야기를 들려주는 동안 내 표정은 계속
해서 변했다. 적수인 아스킬투스가 당한 불운에는 웃음을 터
뜨렸고 그가 거머쥔 행운에는 부아가 치밀었다. 그러나 내내
아무 말 없이 입을 꾹 다물고 음식을 옆으로 건네며 이 이야
기와는 아무 관계가 없는 척했다.

네로와 스포루스

수에토니우스, 『황제 열전』(「네로의 삶」)

이어지는 글은 몹시 불쾌하며, 학대와 폭행, 여성혐오, 근친상간, 신체적 모욕을 담고 있다. 이 글은 네로의 외설스럽고 기괴한 행위를 장황하게 묘사한다. 그는 도덕성을 몽땅 내던지고 구속 없는 광포한 성적 욕망에 사로잡혀 제멋대로 신체를 훼손하고 학대한다. 사랑과 연애는 언급되지 않는다. 절대로 용납할 수 없는 가장 야만적인 형태의 욕망이다. 이 글은 권력과 욕망의 조합이 얼마나 섬뜩한지, 그 조합이 어떻게 들불처럼 피해자들을 휩쓸고 지나가며 개인뿐만 아니라 문화 전체의 도덕성까지 불태우는지를 잔혹하게 드러낸다.

 고집불통에 무자비한 네로는 어린 소년을 학대하고 기혼 여성을 유혹하는 데서 만족하지 않았다. 그는 불의 여신 베스타를 섬기던 처녀 루비아를 강간했다. 고위직 친구에게 뇌물을 주고 노예였던 악테가 사실은 왕족으로 태어났다는 거짓 맹세를 시켜서 악테를 아내로 맞이하는 데 거의 성공하기도 했다. 또 한 번은 어린 소년인 스포루스를 자기 여자로 만들려고 그를 거세시키고 억지로 끌고 와서 면사포를 씌우고 결혼식을 올렸다. 왕실 사람들이 전부 참석한 가운데 결혼식이 끝나자 네로는 스포루스를 집으로 데려와 결혼식 날 밤 아내를 대하듯 그를 대했다. 어떤 이들은 네로의 아버지 도미티우스가 이런 사람과 결혼했다면 세상이 지금보다 더 나았을 것이라고 농담을 하기도 한다.

네로는 스포루스를 황후처럼 가장 화려하게 차려입히고 그리스의 온갖 시장과 축제, 로마의 조각상 거리에 데려갔고, 중간중간 몸을 굽혀 스포루스에게 부드럽게 키스했다.

네로가 자신의 어머니인 아그리피나를 성적으로 욕망했다는 것은 모두가 아는 사실이다. 그러나 네로는 결국 어머니와 신방에 들지 못했는데, 두 사람이 함께하면 아그리피나의 힘이 너무 강해질까 봐 두려웠던 아그리피나의 정적들이 손을 썼기 때문이었다. 심지어 네로는 모두가 제 어미와 닮았다고 말하는 여자를 첩으로 들이기도 했다. 누군가는 이 모자가 성관계를 가졌을 것이라고 말한다. 두 사람이 마차에서 내릴 때마다 네로의 옷이 온통 흐트러지고 여기저기 얼룩이 남아 있었다는 것이다.

네로는 도덕관념이 전혀 없어서, 자신의 몸과 타인의 몸을 남김없이 더럽힌 끝에 일종의 게임을 개발하기까지 했다. 그는 야생동물의 가죽을 뒤집어쓰고 스스로 우리에 갇혔다가 풀려났다. 그런 뒤에는 말뚝에 묶여 있는 남자와 여자에게 짐승처럼 달려들었고, 격렬한 욕정에 휩싸여 그들의 생식기를 습격했다. 네로의 욕망이 무아지경의 절정에 다다르면 그

의 남자 애인인 도리포로스가 그를 사정시켰다.

훗날 도리포로스는 네로가 스포루스와 결혼했듯 네로와 결혼했고, 그날 밤 네로는 첫날밤을 치르는 여자의 신음과 비명을 흉내 내기까지 했다. 들은 얘기로, 네로는 그 어떤 인간의 그 어떤 신체 부위도 결코 순결하거나 깨끗하지 않다고 확신했다. 실제로 그는 모두가 비밀리에 악덕을 저지르고 있다고 생각했다. 그래서 누군가가 자신의 음란한 행위와 욕망을 자백하면 네로는 그가 저지른 다른 범죄까지 전부 용서했다.

무적의 장군

플루타르코스, 『모랄리아』

플루타르코스의 『모랄리아』 중 「사랑에 관한 대화」에서 발췌한 이 글은 신화와 역사 속에서 에로스를 찬양하는 다양한 구절을 검토한다. 대화 형식을 따르고 있지만 끼어드는 사람은 거의 없고, 화자는 느슨한 논리로 자신의 연상을 따라가며 여러 주제를 넘나든다. 이 대화를 통해 우리는 전사 클레오마코스의 용맹함, 그가 전투에서 사망하는 장면을 그의 연인이 목격했다는 점을 알게 된다. 또한 헤라클레스를 비롯한 여러 연인의 이야기도 듣게 된다.

플루타르코스는 절대 지지 않는 연인들의 '신성한 부대'를 소개한 『영웅전』에서처럼 여기서도 사랑을 연인들의 힘을 강화하고 '용기와 나란히' 번성하는 것으로 묘사한다. 이 발췌문에서 플루타르코스는 실제로 한 걸음 더 나아간다. 에로스는 전쟁의 신 아레스를 단순히 뒷받침하지 않고, 용맹하게 싸우도록 사람들을 부추김으로써 아레스를 능가한다. 고대 그리스에서 여성은 군에 입대하지 않았지만 플루타르코스는 여성들이 에로스에 고무되어 전쟁에 참전하고 심지어 목숨까지 내놓을 수 있다고 주장한다. 이 글은 애정과 결속이 가진 힘을 찬미하는 따뜻하고 인간적인 글이다. 또한 글의 말미에서 사랑은 사랑하는 사람을 더욱 관대하고 친절하고 너그럽게 하는 위대한 능력을 지닌 것으로 묘사된다.

"이제 에로스가 전쟁의 영역에서 얼마나 우월한지 생각해 봅시다. 에로스는 에우리피데스의 설명처럼 게으르지 않습니다. 전장에서 싸우고, 밤에 '소녀들의 매끄러운 볼 위에서 잠들'지도 않지요. 사랑에 푹 빠진 남자는 적군과 싸우는 데 전쟁의 신인 아레스가 필요하지 않습니다. 곁에 에로스만 있다면 동료의 부탁에 기꺼이 '불과 거친 파도, 강풍을 뚫고 지나'갑니다. 소포클레스의 희곡에서 니오베의 아들들이 화살에 맞아 죽어 갈 때 그중 하나가 간절히 찾는 것은 도와줄 사람이나 동료가 아닌 자신의 연인입니다. 그리고 파르살리아의 클레오마코스가 어떻게 전투에서 싸우다 죽었는지는 여러분 모두 아시겠지요?"

"모릅니다." 펨티데스와 그 주위에 모인 사람들이 말했다. "하지만 듣고 싶습니다."

"들어 둘 만한 이야기지요." 나의 아버지가 이렇게 말하며 이야기를 계속했다.

"에레트리아인과 렐란토스 전쟁이 한창일 때 클레오마코스가 칼키디아인을 도우러 왔습니다. 칼키디아의 보병대는 방어력이 충분했지만 적군의 기병대를 저지하는 데 어려움을 겪고 있었지요. 그래서 동맹군은 고결하고 용감하기로 명

성이 자자했던 클레오마코스에게 선두에 서서 돌격해 달라고 부탁했습니다. 그러자 클레오마코스는 자신의 연인, 당시 곁에 있던 그 잘생긴 소년에게 전투를 지켜봐 줄 수 있느냐고 물었습니다. 소년은 그러겠다고 대답했고, 클레오마코스를 껴안고 부드럽게 키스한 뒤 그의 머리에 투구를 씌워 주었지요. 그러자 클레오마코스는 긍지로 불타올랐고, 칼키디아인을 도우려고 데려온 테살리아인 부대의 선두로 뚜벅뚜벅 걸어갔습니다. 그가 어찌나 강인하고 용맹하게 적군의 기병대로 돌격했던지 기병대는 혼비백산하며 흩어졌고, 결국 나머지 군인들도 도망쳐 칼키디아인은 짜릿한 승리를 거두었습니다.

그러나 그 결실 속에는 쓰라린 상처가 있었습니다. 클레오마코스가 적과 싸우던 중 전사한 것이었지요. 지금도 칼키디아 사람들은 마을 시장에 있는 거대한 기념비를 손가락으로 가리킬 겁니다. 그 밑에 클레오마코스가 묻혀 있지요. 이 전쟁이 벌어지기 전에 칼키디아인은 남자와 소년의 사랑을 조롱했지만, 클레오마코스가 전쟁에서 승리하고 자신들을 위해 목숨을 내놓자 이런 종류의 사랑을 그 어느 사랑보다 존경하게 되었습니다.

이 이야기에 이의를 제기하는 사람들도 있습니다. 아리스토텔레스는 연인의 포옹을 받고 전투에 나선 사람이 클레오마코스가 아닌 칼키디아인 중 한 명이라고 주장하며 칼키디아의 이 유명한 노래를 그 증거로 제시하지요.

아아 고결한 소년들이여, 아아 아름다운 청년들이여
용맹한 남자 앞에서
그대들의 사랑을 숨기지 말아요, 부끄러워 말아요.
칼키디아에서 사랑은 사지를 자유롭게 하고
용기와 나란히 번성하니까요.

그대들의 도시 테베에서는 소년이 남자가 되었을 때 그의 연인이 소년에게 완벽한 갑옷 한 벌을 선물하는 것이 관례 아닌가요? 또한 사랑에 조예가 깊었던 팜메네스는 호메로스가 연인이 아닌 씨족과 부족별로 아카이아군을 조직한 것을 두고 그가 사랑에 대해 아무것도 모른다며 보병대의 편성을 바꾸지 않았습니까? 팜메네스는 사랑이 유일한 무적의 장군임을 알았던 겁니다. 전쟁터에서 싸우는 남자들은 자기 부족과 친척을 버리고 심지어 자기 자식과 부모까지 버릴지 모르지만, 그 어떤 적군도 사랑하는 연인 사이를 뚫고 들어올 수는 없지요.

테살리아의 테로가 자기 왼손을 벽에 갖다 대고 검을 꺼내엄지를 자르며 적군에게 똑같이 해 보라고 도발하게 만든 것이 바로 이러한 결속이었습니다. 전투 중에 앞으로 고꾸라져 적군의 손에 치명적인 타격을 입기 직전이었던 한 남자는, 자신이 엎드린 채 칼에 찔리는 것을 연인이 보지 못하도록 몸을 뒤집을 수 있게 잠시만 기다려 달라고 적에게 애원했습니다.

연정이 깊고 사랑에 잘 빠지는 것은 크레타인과 보이오티아인, 스파르타인 같은 가장 호전적인 국가의 시민들만이 아닙니다. 멜레아그로스와 아킬레우스, 아리스토메네스, 키몬, 에파미논다스 같은 가장 위대한 옛 영웅들도 마찬가지이지요. 실제로 에파미논다스는 두 청년을 사랑했습니다. 그들의 이름은 아소피코스와 카피소도로스였습니다. 카피소도로스는 만티네아에서 에파미논다스와 함께 죽은 뒤 그와 나란히 묻혔고, 아소피코스는 무척 맹렬한 전사였기 때문에 결국 그를 죽인 남자는 포키스인에게 크게 존경받았습니다.

헤라클레스는 연인이 너무 많아서 그 이름을 다 읊기 힘들 정도입니다. 오늘날까지도 많은 연인이 이올라오스를 숭배하고 공경합니다. 그가 헤라클레스의 사랑을 받았다고 믿으며 그의 무덤 앞에서 사랑의 맹세를 나누지요. 일각에서는 헤라클레스가 알케스티스의 목숨을 구한 이유가 그녀의 남편이자 자신의 연인 중 한 명이었던 아드메토스를 위해서였다고 말합니다. 그들은 아폴론도 아드메토스를 사랑했고 1년간 매일 그를 섬겼다고도 하지요.

여기서 알케스티스가 기억나다니 정말 운이 좋군요. 여자들은 전쟁의 신 아레스와 별로 관련이 없지만 여자들도 사랑에 빠지면 자기 본성을 넘어서서 용맹하게 행동합니다. 때로는 그러다 목숨을 잃기도 하고요. 만일 우리가 신화를 믿는다면 알케스티스와 프로테실라오스, 에우리디케의 이야기를 통해, 하데스에게 명령을 내릴 수 있는 드문 신 중 하나가바로 에로스임을 알 수 있습니다. 소포클레스의 말처럼 본래하데스는 다른 신들 앞에서는 '정의를 제외한 그 무엇에도/편의나 친절을 표하지 않습니다'. 그러나 연인들에게만큼은존중을 표하지요. 하데스는 오로지 연인들 앞에서만 완강한고집을 꺾습니다. 그러니 여러분, 엘레우시스 밀교의 신비에입문하는 것도 좋지만, 나는 사랑의 신비를 찬미하는 이들이지하 세계에서 더 좋은 곳에 가리라고 봅니다.

이런 신화들이 우리의 생각을 이끄는 유일한 지침도 아니고, 내가 그 신화를 전부 다 믿는 것도 아닙니다. 다만 철저히 불신하지는 않을 뿐이지요. 적어도 한 가지 면에서는 이 신화들이 우리에게 큰 가르침을 줍니다. 연인들이 지하 세계에서 한낮의 햇빛으로 돌아올 수 있다는 신화의 내용은 사실입니다. 구름 낀 강물 같은 이집트 신화 속에도 밝게 빛나는 진실의 조각이 존재하지요. 다만 진실을 발견하고 그 증거에서 올바른 결론을 도출하려면 날카로운 관찰력과 통찰력이 있어야 합니다.

이야기가 옆길로 좀 샜군요. 이제는 사랑의 다정함과 친절함, 그리고 사랑이 인류에게 어떻게 호의를 베푸는지를 이야기하겠습니다. 사랑받는 사람이 받는 호의를 말하는 게 아닙니다(그런 호의는 누구에게나 명백히 보일 테니까요). 나는 사랑을 주는 사람이 받는 호의를 말하는 것입니다. 에우리피데스는 사랑 경험이 풍부했지만 그의 다음 발언은 사랑의 표면만 살짝 건드린 것에 불과합니다.

사랑은 사람을 시인으로 만든다.

사랑은 굼뜬 사람도 예리하고 총명하게 만듭니다. 사람이 연한 나무를 고열로 견고하게 만들듯, 사랑은 겁쟁이도 용감하게 만듭니다. 사랑하는 사람은 비록 이전에 쩨쩨하고 이기적이었더라도 결국 너그럽고 고매한 사람으로 변신합니다.

철을 불에 달굴 때처럼 사랑하는 이의 나쁜 자질은 연소되어 사라집니다. 그렇게 사랑에 빠진 사람은 정화되는 겁니다. 그는 연인에게 사랑을 베풀 때 가장 행복하고, 본인이 무엇을 받는지는 신경도 쓰지 않습니다.

안테미온의 아들로 알키비아데스와 사랑에 빠졌던 아니토스 이야기를 기억하실 겁니다. 어느 날 밤 그가 성대한 연회를 열어 친구들을 초대했는데, 알키비아데스가 포도주에 거나하게 취한 모습으로 갑자기 들이닥치더니 식탁 위에 있던 포도주 잔 중 절반을 들고 나가 버렸지요. 깜짝 놀라 화가 난 아니토스의 친구들은 이렇게 말했습니다. '저 친구 정말 무례하군! 자네한테 하는 짓 좀 보라고!' 아니토스는 웃으며 고개를 저었습니다. '그렇지 않아. 사실 저 아이는 내게 무척 친절하다네. 잔을 전부 가져갈 수도 있었는데 절반은 남겨 줬잖아.'"

달빛 속의 임무

베르길리우스, 『아이네이스』

다음은 니소스와 에우리알로스의 피비린내 나는 비극적인 이야기다. 전쟁의 참혹하고 비참한 폭력성을 적나라하게 드러내는 베르길리우스의 『아이네이스』에는 수많은 죽음이 등장하며, 전사들의 죽음은 거의 주술처럼 보일 만큼 수차례 반복해서 묘사된다. 떼려야 뗄 수 없는 한 쌍의 노련한 전사, 니소스와 에우리알로스는 어둠을 틈타 적진에 잠입한다. 둘은 술에 거나하게 취해 곯아떨어진 적군의 병사들을 살해하고, 에우리알로스는 반짝이는 투구를 훔쳐 쓴다. 그러나 돌아오는 길에 에우리알로스가 쓴 투구가 달빛을 반사하는 바람에 두 사람은 적군에게 발각되고, 기병대에 쫓겨 나무가 우거진 숲속으로 도망친다. 여기서 주목할 점은 베르길리우스의 언어가 전쟁의 언어에서 낭만적인 사랑의 이미지로 자연스레 이어진다는 것이다. 어린 연인인 에우리알로스가 적군에게 살해되고, 그 장면을 목격하고 비통해하며 분기탱천한 니소스는 연인의 시신 위에 자기 몸을 포갠다. 잔인한 남성성과 애정 어린 결말이 대조를 이루는 마지막 장면은 전쟁의 비극적인 파괴력과 잔혹함, 두 남자 사이의 영원한 사랑을 절절하게 보여 준다.

지구상의 모든 피조물이 잠에 빠져들고 그들의 걱정, 고민도 어둠에 덮여 잠잠해졌지만 트로이인은 늦은 밤까지 잠들지 못하고 트로이 땅이 어떤 운명을 맞이할지, 어떻게 해야 구원에 이를지, 그들 중 누구를 전령으로 뽑아 아이네이아스에게 보낼 것인지를 숙고하고 있었다. 들판과 막사 사이에서 그들의 창이 달빛을 받아 반짝였고, 전사들이 움직일 때마다 방패가 번쩍번쩍 빛났다. 그때 니소스와 에우리알로스가 숨을 헐떡이며 난데없이 도착해 이렇게 말했다. "우리를 들여보내 주십시오! 꼭 전해야 할 소식을 들고 왔습니다."

아스카니오스가 자리에서 허겁지겁 일어나 그 소식이 무엇이냐고 묻자 니소스가 이렇게 말했다. "아이네이아스의 아들들이여, 저희의 말을 진지하게 들어주셔야 합니다. 저희는 아직 어리지만 저희가 들고 온 소식은 긴급합니다. 루툴리인들은 지금 포도주에 거나하게 취해 깊은 잠에 빠져들었고, 저희는 그들을 습격할 수 있는 장소를 발견했습니다. 바다와 가까운 관문 근처에 두 길이 만나는 탁 트인 벌판이 있습니다. 보초들이 피운 횃불의 고리가 그 지점에서 끊겼고, 검은 연기가 별들을 향해 솟아오르고 있습니다. 저희에게 기회를 주시면 적들의 피를 뒤에 흩뿌린 뒤 전리품을 가득 들고 돌아오겠습니다. 그 길은 믿을 수 있습니다. 저희는 그 깊은 계곡으로 자주 사냥을 떠났고, 맨 처음 나타나는 도시의 집들도 본 적이 있고, 강의 형세도 상세히 파악하고 있습니다."

젊은 두 트로이인의 가슴에 이런 용기를 불어넣은 트로이 신들의 전능함에 감탄하고 또 감사해하며 이들의 말에 대답한 사람은 바로 늙은 알레테스였다. 알레테스는 눈물이 그렁그렁한 얼굴로 두 사람의 어깨를 부여잡고 꽉 끌어안았다. "내가 그대들에게 어떤 상을 내릴 수 있으리오? 이 세상 그 어떤 명예가 그대들에게 보상이 될 수 있으리오? 신들께서 그대들의 용맹함에 은덕을 베풀 것이고, 곧이어 아이네이아스와 아스카니오스도 그대들을 축복하고 끝없는 감사를 표할 것입니다." 이때 아스카니오스가 입을 열었다. "더더욱이, 나의 삶 전체가 아버지의 귀환에 위태롭게 매달려 있습니다. 신들과 그분들의 신성한 성지 앞에서, 내가 가진 모든 재산을 그대들의 손에 맡기고 나의 가장 진실한 말을 그대들의 무릎 위에 올리겠으니, 아버지를 무사히 모셔 와 다시 만날 수만 있게 해 준다면 모든 슬픔이 사라질 것입니다. 여기, 이 은잔 두 개와 의자 두 개, 무거운 금붙이를 가져가시고, 시돈의 디도가 선물로 준 골동품 그릇도 가져가십시오. 니소스, 우리가 이탈리아를 함락하고 왕관을 차지하는 날이 온다면 여자 수십 명과 전쟁 포로 수십 명, 라티누스 왕이 소유한 땅 전체와 함께 전리품으로 획득한 말과 방패, 진홍색 깃털 장식을 전부 그대에게 드리리다. 그리고 에우리알로스, 그대는 어린 소년일 뿐이지만 반드시 영예를 누릴 것입니다. 내 그대를 마음과 가슴에 품고 어느 계절이든 그대와 모든 영광을 함께할 것입니다."

이에 에우리알로스는 이렇게 답했다. "행운이 저희의 편을 들어주기만 한다면 반드시 그렇게 될 것입니다. 그러나 제 마음속에서 그 수많은 선물보다 더 간절한 것이 하나 있습니다. 프리아모스 혈통인 제 어머니가 걱정스럽습니다. 트로이와 아케스테스의 도시에 있는 그 어떤 성벽도 어머니를 제 곁에서 떨어뜨리지 못했지요. 그러나 이제 저는 다정한 어머니의 곁을 떠나야만 하고, 어머니는 곧 저에게 닥칠 위험을 전혀 모르십니다. 어머니께 드릴 말을 찾지도, 작별 인사를 전하지도 못했습니다. 노력은 했지만 어머니의 눈물을 볼 자신이 없었습니다. 그러니 부탁드립니다. 제 어머니를 위로해 주시고, 어머니의 무력감과 외로움을 달래 주세요. 그것이 제게 주실 수 있는 가장 귀중한 선물입니다. 마음속에 그러한 희망을 품을 수 있다면 저를 기다리는 위험 속으로 더 대담하고 용감무쌍하게 뛰어들 수 있을 것입니다."

에우리알로스의 부탁이 어찌나 간절했던지 그 자리에 모인 트로이인 모두가 눈물을 흘렸다. 어머니를 향한 그의 사랑은 정말이지 극진했고, 아스카니오스는 그의 손을 붙잡고 백방으로 노력하겠다고 약속했다. "에우리알로스, 그대의 어머니를 내 어머니 모시듯 하겠네. 이렇게 훌륭한 아들을 키워 낸 지어미는 마땅히 모두에게 감사받아야 하네. 내 아버지의 모든 맹세가 걸린 이 머리를 두고 약속하겠네. 무슨 일이 생기든 내 선물은 반드시 자네 어머니와 친척에게 전달될 걸세." 아스카니오스는 이렇게 말하며 자기 아버지를 향한 사랑에 북받쳐 눈물을 흘렸고, 크노소스의 리카온이 금박을 입혀 만든 칼을 어깨의 상아색 칼집에서 빼 들었다. 므네스테우스가 니소스에게 사자 가죽을 선물했고, 알레테스는 자기 투구를 벗어 니소스의 머리에 씌워 주었다.

무장한 두 사람은 트로이인의 호위를 받으며 입구까지 행진하기 시작했고 열렬한 기도 소리가 따뜻한 공기를 무겁게 채웠다. 맨 앞에서 아스카니오스가 이제 장성한 남자의 영혼을 지니고서 제 나이에 어울리지 않는 무거운 근심을 지고 걷고 있었다. 아스카니오스는 아버지께 보낼 전갈을 두 사람에게 무수히 많이 전달했지만 바람이 그 소리를 잡아채 차가운 쪽빛 하늘로 흩날려 버렸다. 니소스와 에우리알로스는 살금살금 이동하며 밤의 어두운 장막 뒤에 숨은 적진을 찾아 여러 차례 도랑을 건넜다. 털가시나무가 그들의 고요한 그림자를 흔들었고 양치식물의 연한 녹색 이파리가 그들의 발소리를 죽였다. 그때 나무들 사이로 길이 열리며 맑고 높은 물소리가 들려오는 곳에서 두 사람은 그들을 발견했다. 모두가 술에 취한 채 풀밭 위에 대자로 누워 잠들어 있었고, 고삐와 바퀴가 빠져 뒤로 넘어간 전차들이 강가에 나뒹굴었으며,

어지럽게 흩어진 갑옷과 술병에 더 많은 군인이 뒤엉켜 있었다. "자, 에우리알로스." 니소스가 속삭였다.

"이제 우리의 패기를 뽐낼 시간이야. 이게 우리가 나아갈 길이야. 너는 누가 공격해 오지는 않는지 뒤를 잘 살피도록 해. 야인이 길을 내며 웃자란 수풀 사이를 빠져나가듯, 내가 검으로 저놈들을 해치우며 길을 내줄게." 니소스는 이렇게 말하자마자 앞으로 뛰쳐나가 두꺼운 담요를 싸매고 곤히 잠든 람네스의 가슴에 칼을 박아 넣었다. 한때 왕에게 사랑받는 예언자였던 남자가 지금은 자기 피에 숨이 막히고 있었다. 니소스는 순식간에 검을 휘둘러 잠들어 있는 하인 세 명을 찔렀고, 레무스의 갑옷을 보관하는 자와 말들의 발치에 누워 있던 레무스의 마부를 차례로 찔러 죽였다. 니소스는 잠들어 있던 그 부드러운 목들을 자기 검으로 날카롭게 베어버렸다. 일단 시작하자 멈출 수 없었다. 그가 가른 목에서 진홍색 피가 솟구쳐 흘렀고, 이내 빛을 반사하는 진득한 피가 침상과 맨땅을 흠뻑 적셨다. 그다음은 밤새 친구들과 어울리며 즐겁게 먹고 마셨던 라미루스와 라뭄, 어린 세라누스였다. 니소스는 오랫동안 굶주려 정신없이 양 떼를 찢어발기는 사자처럼 그 연한 살들을 남김없이 난도질하고 베어 내면서 온몸에 피를 뒤집어썼다. 뒤에 있는 에우리알로스도 그 못지않게 광포함을 드러냈다. 그는 느닷없이 불어온 바람에 불길이 활활 타오르듯이 칼을 휘두르며 잠든 남자들 사이를 헤치고 나아갔다. 파두스, 헤르베수스, 아바리스, 그다음 로에투스. 잠에서 깨어난 로에투스는 공포에 휩싸여 눈앞의 광경에서 눈을 떼지 못했다. 그는 허둥지둥 포도주 통 뒤에 숨었으나 떨리는 숨소리 때문에 위치가 발각되고 말았다. 로에투스가 몸을 일으키는 순간 에우리알로스가 자기 칼날을 그의 가슴에 끝까지 박아 넣은 뒤 피 칠갑이 된 칼을 다시 뽑아냈다. 로에투스는 숨이 막혔다. 그의 입에서 피와 포도주와 토사물이 강물처럼 쏟아졌다. 에우리알로스는 차분하고 냉정하게 시신 사이를 헤치고 메사포스의 추종자들을 향해 나아갔다. 횃불은 다 타고 불씨만 남아 있었다. 말뚝에 매인 말들 옆에서 약한 불꽃이 깜박거렸다. "이제 가자." 니소스가 에우리알로스의 눈에서 피를 향한 욕망, 폭력을 향한 탐욕을 발견하고 이렇게 말했다. "새벽은 우리의 편이 아니야. 곧 어둠을 밝히는 분홍빛 여명이 지평선 위로 서서히 떠오를 거야. 우리는 이미 복수를 하고 길을 뚫었어." 그렇게 두 사람은 은빛 갑옷의 덜그럭거리는 소리를 남기고 출발했다. 그때 에우리알로스는 람네스가 목에 걸고 있던 커다란 메달과 그의 금장식 벨트를 자신에게 주는 상으로 삼았다. 이 메달과 벨트는 카이디쿠스가 레물루스에게 준 선물로, 서로가 곁에 없을 때도 우정이 변함없이 이어진다는 사실을 일깨우기 위함이었다. 레물루스는 죽기 전에 이것들을 손자에게 물려주었고, 그 후로는 루툴리인이 전리품으로 차지했으며, 이제는 에우리알로스가 잡아채서 자기 어깨 위에 둘러메고 있었다. 그런 다음 에우리알로스는 화려한 깃털 장식이 달린 메사포스의 투구를 집어 들었고, 적진을 떠나 안전한 곳으로 피신하면서 투구를 머리에 얹었다.

한편, 나머지 군대가 휴식을 취하는 가운데 한 무리의 기병대―햇빛에 반짝이는 방패를 든, 볼켄스가 이끄는 300명의 전사―가 투르누스에게 전할 전갈을 들고 급파되었다. 진지에 거의 도착한 그들은 말을 타고 달리는 와중에 니소스와 에우리알로스가 길을 돌아 나가는 것을 발견했다. 에우리알로스가 훔친 투구가 달빛에 반짝이며 두 사람의 위치를 누설한 것이었다. "거기 자네들." 볼켄스가 외쳤다. "멈춰라! 밤중에 무장하고 어디로 가는 것이냐? 정체가 무엇이냐?" 깜짝 놀란 두 사람은 숲속의 어둠에 몸을 맡기고 급히 나무 사이로 달아났다. 기수들이 흩어져서 숲을 둘러싸고 길을 전부 막았다. 숲은 울창했고 덤불에 가려져 어두침침했으며 호랑가시나무가 빽빽하게 우거져 있었다. 속삭이듯 흔들리는 무성한 털가시나무 이파리와 가시덤불 때문에 시야가 완전히 막혔다. 빈터 사이로 희미한 길의 흔적을 보여 주는 것은 사슴 발자국뿐이었다. 에우리알로스는 겁에 질린 채 나무 그늘 사이에 몸을 숨겼다. 자신이 어디에 있는지, 어디로 가야 하는지 알 수 없었다. 그러나 니소스는 절대 뒤돌아보지 않고

결연하게 앞으로 달려 나갔다. 그리고 자기도 모르는 사이 어느새 달아났다. 숨을 헐떡이며 숲에서 빠져나온 니소스는 키 큰 울타리를 둘러친 외양간이 있고 차가운 달빛이 환히 빛나는 곳에 도착했다. 그리고 걸음을 멈추고 뒤돌아서 친구를 찾았다. "에우리알로스! 내가 널 어디에 두고 온 거야? 이 제 난 어디로 가야 하는 거야?" 이렇게 말하는 동안 벌써 그는 고요한 덤불을 눈으로 훑으며 온 길을 되돌아가기 시작했다. 그때 말 달리는 소리가 들려왔다. 누군가를 점점 빠르게 추격하며 빗발치듯 쏟아지는 말발굽 소리, 그리고 나무 사이에서 터져 나온 커다란 고함 소리. 에우리알로스였다. 캄캄한 숲속에서 길을 잘못 들고 갑작스러운 말발굽 소리에 당황한 그가 붙잡혀 끌려간 것이었다. 그는 비명을 지르며 사투하고 있었다. 니소스, 지금 넌 뭘 할 수 있지? 네 친구를 어떻게 구할 생각이지? 저들을 공격한다면 어떤 무기를 사용할 거지? 빗발치는 말발굽과 쏟아지는 검 한가운데 몸을 던지고 칼날 사이로 달려들어 사지가 갈가리 찢긴 채 친구를 위해 죽을 것인가?

니소스는 팔을 뒤로 당기고 하늘을 향해 창을 겨눴다. 그리고 자신을 고요히 내려다보는 달을 바라보며 이렇게 기도했다. "오오, 별들의 자랑이자 숲의 파수꾼이신 여신님이여, 저와 에우리알로스를 위해 이곳에 강림하시어 곤경에 처한 저희를 도와주세요. 제 아버지가 그대의 제단에 공물을 바친 적이 있다면, 제가 사냥한 동물을 그대의 신전에 걸거나 그대의 신성한 처마에 매단 적이 있다면, 저의 창이 하늘을 갈라 저들이 혼비백산하게 해 주세요." 니소스는 기도를 마친 뒤 온 힘을 끌어모아 창을 던졌다. 창은 밤의 장막을 뚫고 술모를 향해 날아갔고, 그의 등에 내리꽂히며 횡격막을 관통했다. 술모는 그 자리에 쓰러졌고 가슴에서 뜨거운 피가 용솟음쳤다. 그의 두툼한 다리가 고통에 몸부림쳤다. 적들이 공격자를 찾아 사방을 살피며 대열을 무너뜨리자 첫 번째 성공으로 대담해진 니소스는 창을 또 한 번 꺼내 목표물을 겨냥했다. 적들이 아직 공포에 빠져 있을 때 두 번째 칼날이 허공을 쌩 가르며 타구스의 이마에 꽂혀 뇌를 터뜨렸다. 은색 창이 이마에 박혔고, 금속 칼날이 피로 따뜻해졌다. 볼켄스는 격분했지만 한밤의 숲속 어디에서도 공격자가 보이지 않았다. 펄펄 끓어오른 분노가 방향도 출구도 찾지 못하던 그때, 볼켄스의 시선이 에우리알로스에게 꽂혔다. "너!" 볼켄스가 고함쳤다. "네놈의 피로 두 죽음의 대가를 치를 것이다." 그리고 날카로운 소리와 함께 칼집에서 자기 검을 꺼내 앞으로 돌진했다. 니소스는 당황했다. 공포에 휩싸여 머릿속이 새하얘진 그는 숨어 있던 곳에서 뛰쳐나가며 이렇게 외쳤다. "내가 여기 있다, 나다, 내가 공격했다, 나를 쳐라! 저 아이는 결백하다, 저 하늘과 별들을 두고 맹세컨대, 저 아이의 잘못이 있다면 그건 잘못된 남자를 너무 많이 사랑한 것뿐이다." 검이 무시무시한 힘으로 에우리알로스의 늑골을 파고들며 그의 새하얀 가슴을 갈라놓을 때도 니소스는 여전히 같은 말을 계속해서 외치고 있었다. 에우리알로스가 땅에 쓰러져 뒹굴었다. 그의 아름다운 몸에서 피가 꽃처럼 피어났다. 한 송이 꽃이 쟁기에 꺾이듯 에우리알로스의 목이 아래로 축 처졌고 머리는 어깨 위에 힘없이 늘어졌다. 슬픔이 불길처럼 니소스의 몸을 휩쓸었다. 그는 분노에 눈이 멀어 볼켄스를 찾으려고 군인들 사이로 달려들었고, 그의 머릿속은 온통 폭력과 복수 생각뿐이었다. 그를 저지하려는 군인들을 향해 그의 검이 번개처럼 번쩍였다. 니소스는 격분해서 거침없이 앞으로 돌진하다가 볼켄스를 발견했고, 그의 얼굴을 똑바로 바라보며 그의 벌린 입속에 검을 깊숙이 박아 넣었다. 그렇게 니소스는 자신의 생명이 빠져나가는 것을 느끼며 적의 숨통을 끊어 놓았다. 그러나 니소스의 몸통은 온통 창으로 꿰뚫렸고 점점 힘이 빠져나가고 있었다. 그가 마지막으로 한 행동은 사랑하는 연인의 시신 위에 자기 몸을 던진 것이었다. 그는 죽음이 자기 생명을 앗아갈 때까지 축 늘어진 에우리알로스의 몸 위에 가만히 엎드려 있었다.

오레스테스와 필라데스

에우리피데스, 『타우리스의 이피게네이아』

고대 그리스의 가장 위대한 비극 작가 중 한 명인 에우리피데스는 기원전 414년에서 412년 사이에 『타우리스의 이피게네이아』를 썼다. 이 희곡이 시작되기 전, 먼저 이야기 하나가 등장한다. 어린 공주인 이피게네이아는 아버지 아가멤논의 손에 제물로 바쳐지기 직전이다. 그러나 마지막 순간에 여신 아르테미스가 이피게네이아를 사슴으로 변신시켜 목숨을 구하고 이피게네이아를 타우리스섬으로 보낸다. 그곳에서 이피게네이아는 아르테미스 신전을 지키는 사제가 되어 이방인을 제물로 바치는 의례를 거행하는 끔찍한 역할을 부여받는다. 자신의 운명에 경악한 이피게네이아는 고향으로 돌아갈 수 있기를, 가족에게 전갈을 보내 자신이 아직 살아 있다는 소식을 전할 수 있기를 간절히 바란다.

이 글에서 오레스테스(아버지의 복수를 하기 위해 어머니 클리타임네스트라를 죽인 이피게네이아의 남동생)와 그의 사랑하는 친구 필라데스는 함께 아르테미스 신전에 도착한다. 두 사람은 이피게네이아의 정체를 모른 채 신전에서 아르테미스의 신상을 훔쳐 오라는 아폴론의 명령을 따르는 중이지만 사제 이피게네이아의 눈에 띄면 자신들이 제물로 바쳐지리라는 사실은 안다. 결국 둘은 붙잡히고, 이피게네이아는 두 사람이 아르고스에서 왔음을 알게 된 뒤 자신의 편지를 아르고스에 전해 주면 둘 중 한 명은 살려 주겠다고 말한다. 이 여정의 책임이 자신에게 있다고 느끼는 오레스테스는 이 끔찍한 운명에서 필라데스를 구하고 싶은 마음에 자신이 제물이 되겠다고 주장한다. 이 장면에서 오레스테스와 필라데스의 대사는 말로, 합창단의 대사는 노래로 전달된다.

합창단[오레스테스에게]: 이방인이여, 그대를 위해 애가를 부르겠어요. 그대의 머리에 방울방울 떨어지는 이 성수가 곧 그대의 피와 섞이며 그대를 보살필 것입니다.

오레스테스: 제발, 그런 노래는 부르지 마세요. 동정받을 이유가 없습니다. 낯선 그대들이여, 모두 안녕, 안녕.

합창단[필라데스에게]: 젊은 청년인 그대여, 운명이 그대를 환히 비출 것입니다. 그대를 위해 행복의 노래를 부르겠어요. 우리는 무척 기쁘답니다. 곧 그대는 고향 땅을 밟게 될 것입니다.

필라데스: 운명이 나를 환히 비춘다고요? 무척 기쁘다고요? 나의 친구가 죽으러 가는데, 어떻게 내가 기뻐하고 어떻게 내 운명이 행복할 수 있습니까?

합창단[필라데스에게]: 오오! 잔인한 여정이 그대를 기다리고 있다네.

합창단[오레스테스에게]: 오오! 당신은 이제 끝! 잔인한 죽음이 그대를 기다리고 있다네.

합창단: 아아! 둘 중 누구의 운명이 더 끔찍할까? 내 마음이 둘로 찢어지네. 누구를 애도해야 할까? 가련한 마음아, 둘 중 누구를 위해 눈물을 흘려야 할까?

오레스테스: 아아, 필라데스. 너도 나와 같은 생각 중이야?

필라데스: 모르겠어, 오레스테스. 무슨 생각하고 있는데?

오레스테스: 저 젊은 여자는 누구일까? 그리스를 너무 잘 알잖아. 트로이에서의 문제들, 아카이아인의 귀환, 새점을 보는 예언자 칼카스에 대해, 또 아킬레우스에 대해서도 내게 물었어. 아가멤논, 그분의 아내와 자식들 이야기를 듣고 얼굴에 슬픔이 떠오르는 것을 너도 봤어? 저 여자는 분명 그리스 출신일 거야. 내 생각에는 아르고스 사람이야. 그 말은, 저 여자도 이곳에서 이방인이라는 뜻이지. 그게 아니라면 왜 아르고스에 편지를 보내려고 하겠어? 염려하는 기색으로 나한

테 이것저것 묻는 걸 보니, 저 여자의 운명이 아르고스의 운명과 엮여 있는 것 같아.

필라데스: 오레스테스, 나도 똑같이 생각했어. 하지만 왕들의 이야기는 모두가 알지 않을까? 특히 여행하는 사람이라면. 그런데 내 마음을 괴롭히는 게 또 하나 있어.

오레스테스: 그게 뭔데? 우리가 함께 해결할 수 있을 거야.

필라데스: 바로 부끄러움이야, 오레스테스! 너는 죽고 나만 살아남는다는 부끄러움. 정말 참기 힘들 거야, 오레스테스. 우린 오랫동안 함께 항해했잖아. 죽는 것도 둘이 함께여야 해. 너 없이 나 홀로 아르고스와 포키스 산맥으로 돌아간다면 비겁한 겁쟁이로 보일 거야. 사람들은 내가 너를 배신했다고, 내가 너를 버리고 홀로 집에 돌아왔다고 생각할 거고. 맙소사, 너를 죽인 게 바로 나라고, 내가 네 가족이 처한 곤경을 이용해서 음모를 꾸몄다고 생각할지도 몰라. 네 누이인 엘렉트라와 결혼한 사람이 바로 나고, 네 재산을 물려받을 사람도 바로 나니까.

　오레스테스, 나는 네 곁에서 마지막 숨을 내쉬어야 해. 너와 함께 죽고 너와 같은 장작더미 위에서 타올라야 해. 난 너의 친구이고, 너는 나의 친구니까.

오레스테스: 그런 말 마, 필라데스! 내 운명은 견딜 수 있어. 그건 감당할 수 있어. 하지만 네 목숨이 내 목숨 위에 놓여 나의 슬픔이 두 배로 커지는 것은 참을 수 없어. 나 때문에 네가 죽게 된다면 네가 두려워하는 부끄러움과 불명예는 나의 몫이 되겠지. 너는 나의 가장 소중한 친구야. 내가 고초를 겪을 때마다 내 곁에서 나를 도와주었지.

내 목숨을 포기하는 것은 전혀 힘들지 않아. 신들이 의도하신 일이니까. 하지만 너는 축복받은 사람이야. 네 가족은 내 가족처럼 타락하고 저주받지 않았어. 고결하고 다복하지. 네가 목숨을 구해 나보다 오래 살면서 내 누이가 너의 아들을 낳는다면 내 이름은 계속 살아 있을 거야. 넌 내 이름과 내 아버지의 저택을 구해서 우리에게 미래를 선사할 수 있어.

제발, 필라데스. 살아남아서 내 아버지의 저택에 살아 줘. 자, 내 손을 잡고 약속해. 그리스로, 아르고스로 돌아가면 나를 위해 작은 무덤을 만들고 내 이름을 새긴 작은 묘비를 세우겠다고. 그러면 내 누이가 그곳에 봉헌하고 묘비 위에 눈물을 흘릴 수 있을 거야. 고향에 있는 모두에게 내가 아르고스 여인의 손에 죽었다고 말해 줘. 내가 제단 위에서 죽었고 아르고스 여인이 내 이마에 성수를 뿌렸다고 말해 줘.

그리고 제발, 필라데스, 고향으로 돌아갔을 때 내 누이가 홀로 버려지고 내 아버지의 저택이 쓸쓸하게 남겨진 것을 보더라도 누이를 저버리지 마.

자 필라데스, 이제 내가 가장 사랑하는 친구인 너에게 작별을 고해야겠어. 내 손을 잡아. 우리 어렸을 때는 함께 뛰어놀고 다 커서는 함께 사냥을 떠났지. 넌 내 슬픔을 함께 짊어졌고 내가 삶을 헤쳐 나갈 수 있도록 도왔어. 난 아폴론의 장난감이었어. 그분은 예언자지만 거짓말로 나를 그리스에서 내쫓았지. 나는 그분을 믿고 내 어머니를 죽였어. 그러니 이 가련한 자는 죽어야만 해. 안녕, 나의 친구. 안녕, 필라데스.

필라데스: 반드시 네 무덤을 만들게, 오레스테스. 절대 네 누이를 배신하지 않을게. 가능하다면 네가 죽은 뒤에 너를 더더욱 사랑할 거고, 너의 기억을 내 삶 속에 고이 간직할 거야. 그러나 운명이 달라질 순 없을까? 네 목숨을 구할 시간이 남아 있지는 않을까?

오레스테스: 그런 말 마, 필라데스. 아폴론의 말은 이제 아무 소용이 없어. 봐, 여자가 신전에서 나와서 우리에게 다가오고 있잖아.

파우사니아스가 말하는 사랑

플라톤, 『향연』

플라톤의 『향연』에 등장하는 이 장면은 고전 세계가 낳은 가장 유명한 글 중 하나다. 이 장면에서 파우사니아스는 사랑에 관한 그 유명한 연설을 펼치며 성인 남성과 소년의 사랑에 주목하고 '신성한 사랑'과 '범속한 사랑'을 구분한다.

그리스에서 높이 평가한 소년애(보통 나이가 더 많은 남성이 자유민 소년을 돌보는 관계로 묘사된다)는 이 책에 실린 여러 이야기에도 흔히 등장한다. 고대 그리스에서 남자들이 맺은 관계가 소년애 하나뿐이었던 것은 아니지만 그 교육적 역할은 그리스 문화의 핵심에 있었다. 소년(보통 14세에서 18세 사이)은 성인 남자의 구애를 받았고 섹스에서 수동적인 역할을 맡았다. 이러한 문화적 관습은 오늘날의 관점에서 보면 매우 거북하다. 파우사니아스의 연설에 내포된 여성혐오도 마찬가지다. 여기서 그는 여성을 배제한다는 이유로 또다시 남성 동성애를 가장 이상적인 사랑으로 추앙한다.

파우사니아스의 입으로 이런 말을 전한 사람이 플라톤이라는 사실을 기억할 필요가 있다. 파우사니아스는 실존 인물이었고 아마도 당시 그리스에 살았던 사람들보다 배타적 동성애에 끌리는 성향이 훨씬 컸을 것이다. 즉 파우사니아스의 특성이 어느 정도 과장되게 그려졌을 수 있다. 그러나 이 연설은 퀴어 역사에 오랫동안 지대한 영향을 미치고 있다. 그중 하나만 예를 들자면 오스카 와일드는 엄중한 외설 행위를 했다는 이유로 재판대에 섰을 때 자신의 유명한 연설에서 이 글을 언급했다. "감히 그 이름을 말할 수 없는 사랑"은 "플라톤 철학의 토대를 이루고 있으며… 순수하면서도 완벽한, 깊고 숭고한 감정이다."

사랑하는 사람이 없으면 사랑도 아프로디테도 없다는 사실을 우리는 모두 알고 있습니다. 아프로디테가 한 명뿐이었다면 사랑도 하나였겠지만, 아프로디테가 두 명이므로 자연히 사랑도 두 개일 수밖에 없습니다. 아프로디테가 둘이라는 사실을 의심하는 분 있습니까? 언니 아프로디테는 우라노스의 딸이며 어머니가 없습니다. 그녀는 하늘에서 태어났으므로 신성한 아프로디테라고 불립니다. 그리고 동생 아프로디테는 제우스와 디오네의 딸로, 범속한 아프로디테라고 불리죠. 그러므로 두 종류의 사랑도 각각 제 파트너이자 짝인 여신의 이름을 따서 신성한 사랑과 범속한 사랑으로 불립니다. 물론 모든 신이 마땅히 추앙받아야 하지만 이 두 신의 서로 다른 특징을 구분하는 것은 중요합니다.

이 세상에 그 자체로 고결하거나 미천한 행위는 없습니다. 주위를 둘러보세요. 우리가 먹고 마시고 노래하고 토론하는 행위는 그 자체로 고결하다고는 말할 수 없고, 다만 어떻게 처신하고 수행하느냐에 따라 고결해질 수 있을 뿐입니다. 우리가 고결하게 처신하면 그 행위는 고결해지고, 우리가 부적절하게 처신하면 그 행위는 천박하고 부정해집니다. 사랑하는 행위도 마찬가지입니다. 사랑이 늘 고결하거나 마땅히 찬양받아야 하는 것은 아닙니다. 오로지 우리가 고결한 방식으로 사랑할 때만 찬양받을 자격이 생기는 것입니다.

　범속한 사랑은 그 이름에 걸맞게 우발적이고 무분별합니다. 소년뿐만 아니라 여자까지 사랑하는 무분별한 사람들의 사랑이지요. 이들의 사랑은 상대의 영혼이 아닌 몸에 이끌립니다. 보통 이런 사람들은 지성이 부족한 연인을 선택합니다. 아니, 실제로 이들은 지성이 부족한 연인을 찾아 나섭니다. 이들이 바라는 것은 오로지 목표 달성과 빠른 만족뿐입니다. 자신의 사랑이 옳은지 그른지는 고민하지 않고 분별없이 마구잡이로 사랑합니다. 이런 사랑은 동생 아프로디테에게서 기원합니다. 바로 그녀에게서 이런 사랑이 시작되어 짝을 찾는 것이지요. 동생 아프로디테는 반은 여성이고 반은 남성입니다.

　반면에 신성한 사랑은 여성을 배제하고 오로지 남성의 손길만 닿은 신성한 아프로디테에게서 제 짝을 찾습니다. 신성한 아프로디테는 자매 중 언니이기에 변덕과 사나운 성질이 덜하고 더 성숙합니다. 이러한 사랑에 감화된 사람들은 더 강건하고 지성이 뛰어난 남자들에게 끌립니다. 소년에게 끌

리는 사람들 사이에서도 신성한 사랑에 감화된 이들을 따로 알아볼 수 있는데, 이들은 사춘기 후반에 이르러 정신이 완전히 형성된 소년만 사랑하기 때문입니다. 이들은 언제까지나 소년 곁에 머무르며 자신의 삶을 함께 나눌 준비가 되어 있습니다. 이들은 자칫 어리석어질 수 있는 어린 소년을 이용하거나 속여먹지도, 그런 소년의 믿음을 비웃으며 다른 소년과 함께 달아나지도 않습니다.

진작에 법을 제정해 너무 어린 소년들과의 사랑을 금지했어야 합니다. 어쨌거나 그런 관계는 결과를 확신할 수 없고, 결국 시간 낭비일지도 모르니까요. 어린 소년이 어떻게 성장할지 누가 알겠습니까? 그 소년의 몸은 고결해질까요, 미천해질까요? 소년의 영혼은요? 그러나 훌륭한 남자는 자신을 알아서 다스리고 스스로 이 규칙을 준수합니다. 반면 범속한 사랑에 빠진 자들은 강제로 이 규칙을 따르게 해야 합니다. 그들이 자유민으로 태어난 여성들과 함부로 자고 다니지 못하도록 최선을 다해 막아야 하듯이 말입니다. 결국에는 이런 사람들이 사랑에 대한 비난과 추문을 일으키고 사랑의 가능성에 오명을 남겨, 연인을 만족시키는 것 자체가 잘못이라는 말까지 나옵니다. 이렇게 말하는 사람들은 이런 무분별한 사랑을 보고 오해한 것이며, 내가 앞에서 말했듯 처신만 잘한다면 이 세상에 그 자체로 그릇된 행위는 존재하지 않습니다.

　다른 도시에서의 연애 관습은 설명하기가 쉽습니다. 간단명료하게 드러나지요. 그러나 이곳 아테네와 언어 구사 능력이 부족한 보이오티아에서는 연인을 만족시키는 것이 옳다는 생각에 모두가 잠자코 동의합니다. 자기 입장을 자세히 설명하거나 웅변술을 사용해야 하는 상황을 피하려는 것이지요. 그러나 이오니아를 비롯한 많은 지역에서는 다른 규칙을 따르고, 연애가 부끄러운 짓이라는 데 모두가 동의합니다. 그건 그들이 민주적인 정치 없이 폭정 속에 살기 때문입니다. 그들은 철학과 스포츠, 지성 교육이 하나같이 부끄러운 짓이라고 배웁니다. 당연히 통치자는 사람들이 스스로 사고하거나 사상을 품거나 이러한 행위, 그중에서도 특히 연애가 쉬이 불러일으키는 사회적 유대를 맺으면 무슨 일이 벌어질지 두려워합니다. 모든 압제자가 똑같은 교훈을 습득하지요. 아리스토게이톤의 사랑과 하르모디오스의 굳센 애정이 아테네 폭군의 권력을 끝장내지 않았습니까? 그러므로 어느 지역에 연인을 만족시키는 것은 나쁘다는 규칙이 있을 때 그 규칙의 연원을 추적해 올라가다 보면, 언제나 통치자의 부덕함, 정권의 권력욕, 신민의 소심함과 만나게 됩니다. 마찬가지로 모든 사랑은 똑같이 옳다고 보는 지역에서 그러한 생각의 연원을 추적해 올라가면 통치자의 게으름과 나태한 정신을 만나게 됩니다.

우리 도시의 관습은 더 복잡하긴 하지만 더 낫습니다. 사랑은 숨기기보다는 드러내는 것이 낫다는 이곳의 격언을 떠올려 보세요. 연인이 고결하고 덕 있는 사람이면 더더욱 그래야 하고, 연인의 용모가 아름답지 못하더라도 그래야 한다고들 하지요. 또한 이곳 대중이 사랑을 어떻게 이해하는지도 떠올려 보세요. 우리가 연인들을 격려한다는 사실은 그들의 사랑에 추호도 부끄러움이 없다는 증거입니다. 모두가 소년의 사랑을 얻는 것은 좋은 일이라고 생각합니다. 오히려 사랑을 얻지 못하는 것이 수치스러운 일이지요. 그러니 어떤 남자가 소년의 관심을 끌려고 할 때 우리 문화는 그 남자를 찬미하고 사랑을 위해 온갖 괴상한 짓을 벌일 자유를 부여합니다. 사랑이 아닌 다른 목적에서 그런 괴상한 짓을 벌인다면 아마 비난을 면치 못할 겁니다.

누군가가 다른 사람에게서 돈을 뜯어내려고, 또는 공직을 얻거나 권좌에 앉으려고 사랑에 빠진 사람이 할 법한 행동을 한다고 상상해 보십시오. 이 사람이 애원하며 무릎을 꿇는다고, 개처럼 다른 사람의 문간 앞에서 밤을 지새우며 사정사정하고 약속을 남발한다고, 사실상 상대에게 기꺼이 복종하려 한다고 상상해 보세요. 분명 그의 친구들은 정신 차리라며 질책할 것입니다. 그의 적들 역시 자존심도 없는 사람이라며 그를 조롱하겠지요. 그러나 그 사람이 사랑에 빠졌고 오로지 자기 연인을 위해 이렇게 행동한다면 사람들의 찬사와 칭송을 받을 겁니다. 가장 이상한 점은 오로지 사랑에 빠진 사람만이 약속을 어겨도 신에게 용서받는다는 것입니다. 사랑에 빠진 사람의 언약은 언약이 아니라고들 합니다. 그러니 신과 인간이 모두 사랑에 빠진 사람에게 전적인 자유를 부여하는 것이 사실입니다.

내가 지금까지 한 말을 미루어 볼 때, 여러분은 우리 도시에서 사랑에 빠지고 그 사랑을 드러내는 것이 크게 존경받는 행위라고 생각할지 모릅니다. 그러나 남자들의 구애를 받는 소년의 아버지가 남자들과 대화하지 못하게 막으려고 아들에게 가정교사를 붙이기도 합니다. 연애를 시작한 소년의 친구들이 소년을 욕하고, 어른들이 그걸 알면서 그냥 내버려두기도 하지요. 이러한 면을 고려하면 여러분은 사랑에 빠지고 그 사랑을 드러내는 것이 정반대로 망신스러운 행위라고 생각할지도 모릅니다.

내가 생각하는 진실은 이렇습니다. 사랑은 결코 단순하지 않으며, 앞에서 말했듯 그 자체로 옳거나 그른 것이 아니라 어떻게 행하느냐가 중요합니다. 잘못된 사랑은 악한 사람을 악한 방식으로 기쁘게 하는 사랑입니다. 반면에 옳은 사랑은 선한 사람을 고결한 방식으로 기쁘게 하는 것이지요. 여기서 악하다는 말은 범속한 사랑에 빠져 영혼이 아닌 육체를 탐한다는 뜻입니다. 아시다시피 이런 사랑에 빠진 사람은 늘 변하는 것을 사랑하기 때문에 지조가 없습니다. 이런 사람은 연인의 육체에서 아름다움이 쇠하자마자 자신이 한 말과 약속을 전부 내버리고 "날개를 팔랑이며 떠나 버립니다". 반면 영혼을 사랑하는 사람은 평생 변함이 없는데, 그 자신이 변함없는 것과 하나가 되기 때문입니다.

이걸로 올바른 사랑을 장려하는 훌륭한 방식인 우리의 연애 관습을 어느 정도 설명할 수 있습니다. 우리는 아무런 모순 없이 한편으로는 남자들에게 소년을 쫓으라고 권하고 다른 한편으로는 소년들에게 달아나라고 권합니다. 이것은 사랑에 빠진 남자와 사랑받는 소년이 각자 어떤 종류의 연인인지를 드러내는 일종의 스포츠입니다. 또한 우리는 너무 일찍 넘어가는 소년들에게 일종의 수치심을 안깁니다. 이런 관계에는 뒤쫓음도, 경쟁도, 시련도 없습니다. 오로지 시간이 두 사람 사이에 개입할 때만 이들이 어떤 사랑을 하는지가 드러납니다. 그리고 우리는 상대의 돈이나 지위에 반해 넘어가는 행동을 부끄럽게 여깁니다. 상대의 돈이나 지위에 넘어간 소년은 자신이 힘으로 완전히 밀릴 수도 있다는 생각에 위축되었을 수도 있고, 사랑 자체보다 금이나 정치적 성공을 더 사랑할 수도 있습니다. 금도 권력도 영원한 것이 아니기에, 이런 것들에 기반한 관계는 불안정하고, 따라서 쉽게 무너질 수 있습니다.

그렇다면 우리의 관습에서 소년이 연인을 만족시킬 방법은 단 하나입니다. 앞에서 말했듯, 남자가 사랑하는 소년 앞에 기꺼이 자신을 내려놓고 마치 노예처럼 온갖 궂은일을 마다하지 않는 것은 추문이나 추태로 여겨지지 않습니다. 그 이유는 이러한 복종의 목적이 소년의 덕과 지혜를 향상하는 것이기 때문입니다. 그러므로 사랑에 빠진 남자가 소년에게 자신을 바치고 소년의 손에 자신의 존엄을 맡길 때 소년의 지혜나 미덕이 커지기를 바라는 마음에서 그러는 것이라면, 그러한 행동은 절대 타락이나 굴욕이 아닙니다.

이제 두 규칙을 비교해 봅시다. 하나는 소년을 향한 사랑에 대한 것이고, 다른 하나는 지혜와 미덕을 향한 사랑에 대한 것이지요. 이 두 규칙을 비교하다 보면 소년이 자기 연인을 만족시키는 것이 좋은 행동인지 아닌지 알 수 있습니다. 남자와 소년이 사귈 때 두 사람은 각자 다른 규칙을 따릅니다. 남자는 소년을 위해 자신을 바쳐야 하고, 소년은 자신의 지혜와 미덕을 키워 주는 연인에게 애정을 드러내야 하지요.

만약 두 사람 모두 이 규칙을 잘 따라서 남자는 덕을 전수하고 소년은 기꺼이 배우고자 한다면, 이런 연애는 참으로 바람직하고 고결한 것입니다.

자기 희망에 배신당하는 것은 불명예가 아닙니다. 그러나 이 두 가지 규칙을 따르지 않는 사랑, 남자와 소년이 나쁜 의도를 품은 사랑은 잘못된 것입니다. 어떤 소년이 부자가 되고 싶어서 부유해 보이는 남자에게 다가간다고 생각해 보십시오. 그렇다면 사실 그 남자가 가난해서 소년이 아무 이득을 보지 못한다 해도 소년의 행동은 여전히 잘못입니다. 소년은 부유해지기 위해서라면 예의의 한계까지 기꺼이 뛰어넘는 자신의 인성을 드러내고 있는 것입니다. 마찬가지로, 어떤 소년이 선하고 덕 있는 사람이 되고 싶어서 선하고 덕 있어 보이는 남자에게 다가간다고 생각해 봅시다. 그렇다면 사실 그 남자가 사악한 사람이라 해도, 희망에 배신당한 소년은 수치스러워할 이유가 없습니다. 오히려 이 소년은 미덕과 지혜를 얻기 위해서라면 사람을 가리지 않고 무엇이든 하려고 하는 자신의 선한 성품을 드러내고 있는 것이고, 이 세상에 이보다 더 훌륭한 동기는 없습니다. 스스로 덕 있는 사람이 되고 싶어서 연인을 사귀는 것은 그 자체로 올바르고 고결한 행동입니다. 이러한 사랑은 신성한 아프로디테를 짝으로 둔 신성한 사랑입니다. 이러한 사랑은 우리 도시와 시민 모두에게 이로운 보편적 미덕인데, 사랑에 빠진 남자가

자신의 미덕에 관심을 기울이게 하고 사랑받는 소년도 똑같이 행동하게 만들기 때문입니다. 이 밖의 다른 형태의 사랑은 모두 범속한 사랑입니다.

파이드로스, 바로 이것이 사랑에 관한 논의에서 내가 지금 이 순간 내놓을 수 있는 생각입니다.

민주주의를 불러온 게이 커플

아리스토텔레스, 『아테네의 헌법』

다음은 '참주* 살해자'라는 이름으로 알려진 커플, 하르모디오스와 아리스토게이톤의 이야기다. 폭군이었던 히파르코스를 살해할 음모를 꾸며 명성을 얻은 두 사람은 아테네 민주주의의 대표적 상징이 되었다. 그 음모가 어떻게 실행되었는가에 대해서는 여러 설명이 상충하는데, 다음 글에서 아리스토텔레스가 그중 일부를 전한다. 투키디데스는 이들이 축제를 기념하는 머틀 화환에 단검을 숨겼다고 주장하지만 아리스토텔레스는 그것이 잘못된 기록이라고 말한다.

이 글에서 아리스토텔레스는 형제인 히피아스와 히파르코스의 이야기, 그리고 게이 커플의 히파르코스 살해 사건을 설명한다. 공격이 있고 난 다음에 하르모디오스는 살해당하고, 아리스토게이톤은 체포되어 오랫동안 고문받다가 음모에 가담한 여러 고위직 인물과 귀족의 이름을 실토한다.

히피아스와 히파르코스 형제는 자신들의 지위와 나이 덕분에 국정을 장악했다. 그러나 형이었던 히피아스가 더 정치가

---

* 僭主. 고대 그리스의 폴리스에서 비합법적으로 독재권을 확립한 지배자

다뤘기에 정권을 도맡아 이끌었고, 젊은이다운 패기와 욕정이 있고 문학을 애호했던 동생 히파르코스는 아테네에 시인들을 불러들였다.

그리고 두 사람보다 훨씬 어린 테살로스라는 형제가 있었다. 그는 고집이 세고 오만불손했다. 정권을 무너뜨린 사람이 바로 이 테살로스였다. 그는 하르모디오스라는 이름의 청년과 사랑에 빠졌으나 퇴짜를 맞고 뜨거운 분노에 휩싸였다. 몹시 당황한 그는 자제력을 완전히 상실했다. 상처 입고 폭주하던 테살로스는 어느 날 축제에서 꽃바구니를 들고 행진하러 가던 하르모디오스의 여동생을 발견했다. 복수하고 싶은 마음에 그는 여동생에게 이렇게 소리쳤다. "네 오라비는 남자들을 후리고 다니는 호모다." 이 수치스러운 모욕 때문에 여동생의 명예가 실추되었고, 결국 여동생은 행진에 참여할 수 없었다.

이 사건을 들은 하르모디오스는 당연히 테살로스의 적이 되었다. 자신뿐만 아니라 여동생까지 모욕당했다는 생각에 분노가 이글이글 타올랐다. 머지않아 그는 아리스토게이톤이라는 이름의 연인과 함께 음모를 꾸미기 시작했다.

아크로폴리스에서 파나테나이아 축제가 열리는 날, 음모에 가담한 자들은 국정을 운영하는 두 인물 중 한 명인 히피아스를 감시하고 있었다. 히피아스는 행진하는 무리의 환대를 받으려고 기다리고 있었고, 동생 히파르코스는 행진을 진두지휘하고 있었다.

하르모디오스와 아리스토게이톤은 한동안 상황을 살피며 적절한 때를 기다렸다. 그때 길 건너편에서 공범 중 한 명이 히피아스에게 무언가를 말하고 있는 모습이 포착되었다. 그들은 몹시 당황했다. 계획이 발각된 걸까? 당장 체포될 수도 있었기에 두 사람은 동료들을 기다리지 않고 서둘러 히파르코스에게 달려가 그를 살해했다. 신중히 짠 계획은 순식간에 물거품이 되었다. 하르모디오스는 그 자리에서 경비대에게 살해되었고, 아리스토게이톤은 붙잡힌 뒤 오래도록 고문받다가 목숨을 잃었다.

고문 중에 아리스토게이톤은 아테네의 가장 유서 깊은 가문과 폭군 형제의 절친한 친구들을 공모자로 고발했다. 처음에는 음모의 흔적이 전혀 발견되지 않았다. 히피아스가 단검을 몰래 숨긴 자를 찾아내기 위해 행진 참여자 모두에게 무기를 내놓으라고 명령했다는 이야기가 있지만 그것은 사실이 아니다. 어쨌거나 당시 행진에 참여한 사람들은 아무 무기도 소지하지 않았다.

일부 역사가는 아리스토게이톤이 폭군의 친구들을 고발한 이유가 폭군이 무고한 사람을 살해해 신 앞에서 죄를 저지르게 만들기 위함이었다고 말한다. 또 어떤 이들은 아리스토게이톤이 고문받는 중에 진실을 실토하며 동지들을 배신했다고 말하기도 한다.

죽어서 자유를 얻으려는 시도가 전부 실패로 돌아가자, 결국 아리스토게이톤은 더 많은 이름을 실토하겠다고 약속하며 히피아스에게 합의의 의미로 악수를 청했다. 그러나 히피아스는 아리스토게이톤의 손을 붙잡자마자 동생을 살해한 자의 손을 잡았다는 생각에 맹렬한 분노에 휩싸였고, 순간 증오심에 사로잡혀 단검을 꺼내 아리스토게이톤을 죽여 버렸다.

창부娼夫로 사는 건 힘들어

유베날리스, 풍자시 9편

총 16편으로 이루어진 유베날리스의 풍자시는 도덕률과 사회의 규칙을 비꼬고 때로는 비난한다. 미덕과 악덕 사이를 오가며 신랄한 발언을 쏟아 내는 이 시들은 1세기 후반과 2세기 초반 사이에 쓰였다. 풍자시 9편에는 유베날리스와 창부 나에볼루스가 나누는 대화가 등장한다. 나에볼루스는 후원자가 자신에게 고마워할 줄 모른다며 불평한다. 한창때가 지난 그의 외모는 이제 초췌하고, 유베날리스는 그가 수많은 부부와 동침하며 간음이 주는 쾌락을 통해 수많은 결혼 생활을 살렸던 옛날을 회상한다.

유베날리스: 나에볼루스, 자네 표정을 읽을 수가 없구먼. 얼굴에 구름이 껴서 칙칙한 그늘이 생겼군. 아폴론과 겨루다 산 채로 가죽이 벗겨진 사티로스 마르시아스도 자네보단 혈색이 좋겠어. 맙소사, 로도페의 아랫도리로 내려가 수염을 흠뻑 적시다 현장에서 붙잡힌 노예 라볼라 같잖아. 자네가 지금 얼마나 비참해 보이는지 아나? 아무 신용을 얻지 못해 물건을 하나도 못 파는 장사꾼도 반쯤은 웃고 있다네. 그 주름들은 다 뭔가? 그 피곤한 눈은? 자네가 어디서나 찬사받으며 농담을 던지고 인생을 즐기던 때를 내 기억한다네. 이제

는 전혀 다른 사람이 되었구먼. 자네 꼴을 보게! 머리카락은 덤불 같고 얼굴은 숲에서 붙잡힌 늙은 양 같다네. 옛날에 자네 피부는 아침놀처럼 찬란하게 빛났는데 이제는 주름이 자글자글해. 나에볼루스, 자네 수척해지고 있어. 살이 얼마나 빠진 건가? 덜덜 떠는 것 좀 보게! 자네의 영혼이 안에서부터 자네를 파먹고 있는 것 같아. 정말 이상하지 않은가? 인생이 중간에 꺾여서 방향을 틀 수 있다는 것이… 얼마 전까지만 해도 자네는 이시스 신전과 가니메데스 성지를 돌아다니며 헤픈 여자들을 꾀어내지 않았나. 맙소사, 내가 오해한 게 아니라면 그때 자네는 여자 수십 명과 잠자리에 들고 그들의 남편과도 잠자리에 들었었지!

나에볼루스: 사실입니다. 많은 사람이 이 일로 벌어먹지만, 난 내 몫을 제대로 챙겨 본 적이 없어요. 내 토가를 보호할 지저분한 망토와 조잡하고 요란한 셔츠, 밋밋한 반지 말고는 별달리 얻는 것도 없다고요. 생각해 봐요, 모두가 운명의 여신의 지배를 받고, 이 여신들은 다른 신체 부위뿐만 아니라 우리의 은밀한 부위까지도 지배하지요. 만약 우리 별자리의 위치가 나쁘다면 고추가 아무리 커도 별 소용이 없답니다. 비로가 내 거기를 보고 침을 줄줄 흘리고 매주 길고 긴 러브레터가 날아와 "모두가 종마 같은 남자를 사랑한다"고 열렬히 호소해도 아무 소용이 없어요. 구두쇠 변태보다 더 나

뻔 건 없어요. "내가 그 대신 이만큼 줬잖아. 오늘은 우선 두 푼 주고 내일 더 줄게." 제길, 이제는 지긋지긋해요. 그동안 번 돈을 다 합쳐도 5천도 안 된단 말입니다. 내가 제공하는 서비스를 한번 생각해 봐요. 지난밤 먹은 음식이 닿을 때까지 내 거시기를 다른 사람 창자 깊숙이 밀어 넣는 게 쉽고 즐거운 줄 알아요? 자기 주인의 밭을 파는 노예가 자기 주인 엉덩이를 파는 노예보다 더 형편이 나을 겁니다. 나는 그 인간한테 이렇게 말해요. "한때 당신은 자기가 이쁘장한 청년이라고 생각했죠. 신들의 술잔을 나를 만한 현대판 가니메데스라고요. 그동안 얻은 걸 뱉어 낼 생각은 없어요? 당신 욕망의 대가를 지불할 생각은 없냐고요. 아름다운 소년은 자기 생일에 마땅히 파라솔이나 향기 나는 호박 장신구를 받아야 하지 않겠어요? 소나기가 내리는 어느 봄날 아침 자기 소파에서 뒹굴며 선물을 잔뜩 풀어야 하지 않겠냐고요. 참새 씨, 말해봐요. 저 넓은 목초지는 누구를 위한 거예요? 저 눈부신 저택과 끝없이 펼쳐진 들판은 누구를 위한 거냐고요. 아마 연조차 힘들어서 그 위를 다 날지 못할걸요. 그리고 쿠마이의 산등성이에 있는 그 포도밭, 가우라스의 그 빈 땅에서 줄줄이 싹을 틔우는 그 보랏빛 포도들… 질 좋은 포도주가 당신만큼 통에 그득그득한 사람은 없을 거예요. 그런데도 내게는 1에이커는커녕 포도주 한 방울도 떨어지지 않는군요." "그런 말을 하다니 참으로 뻔뻔하구나." 그 사람은 이렇게 대답하죠. 하지만 나는 집세도 내야 하고 노예도 부려야 해요. 지금은 노예가 겨우 한 명뿐이지만 조만간 한 명이 더 필요할 텐데, 어떻게 둘을 먹일 수 있겠어요? 겨울에 찬바람이 불고 나무가 앙상해지면 난 어떻게 해야 하죠? 노예들의 발이 덜덜 떨리고 무릎이 후들거리면 어떻게 해야 하느냐고요? 이렇게 말할까요? "조금만 참거라, 여름이 찾아와 매미가 울 날이 머지않았다." 비로, 내가 당신에게 온갖 호의를 베풀고 당신의 간지러운 곳을 시원하게 긁어 준 것은 새까맣게 잊어도 좋지만, 내가 그토록 성심성의를 다하고 내 일에 능숙하지 않았다면 당신 아내는 여전히 숫처녀일 겁니다. 제기랄, 그 여자가 결혼 서약을 찢으며 거의 문밖으로 뛰쳐나갔을 때 내가 여자를 다시 침대에 눕혔다고요! 내가 밤새도록 그 여자의 몸 안에 들어가서 마음을 바꿔 놓았죠. 당신이 정원에서 울부짖는 소리는 별 도움이 안 됐어요. 나무 침대와 매트리스가 삐걱대고 당신의 아내가 헐떡이는 소리를 못 들었나요? 그건 됐어요. 간음이 여럿의 결혼 생활을 구했죠. 당신은 내가 제공한 서비스를 다 셀 수도 없을 거예요. 내가 당신에게 아들과 딸을 안겨 주지 않았나요? 그래요. 당신은 정력을 과시하려고 그 애들을 자기 자식처럼 키웠지만 진실이 무엇인지는 당신도 알 거예요. 어쨌거나 이제 당신은 어엿한 아버지이고, 그 사실 역시 내가 당신에게 준 선물이죠. 어쩌면 곧 셋째가 생길지도 몰라요.

유베날리스: 자네가 불만을 가질 만도 하군. 그래서 비로가 뭐라고 대답하던가?

나에볼루스: 나를 완전히 무시하던데요. 머지않아 그 인간은 코를 킁킁거리며 나처럼 두 다리로 선 다른 당나귀를 졸졸 따라다닐 거예요. 하지만 내게 한마디도 하지 마세요. 부석으로 각질을 제거하며 피부를 관리하는 남자를 적으로 만드는 건 절대 피해야 하니까요. 미친 사람이에요. 자기가 나한테 비밀을 다 털어놓고는 내가 그걸 흘리고 다녔다고 생각해요. 유베날리스, 그 인간은 주저 없이 나를 칼로 찌르고 밤에 우리 집을 불태울 거예요. 그러니 입을 다물어 줘요. 그런 부자에게 독약 값은 푼돈일 테니까요.

유베날리스: 저런, 가여운 우리 코리돈. 순진하게 굴지 말게. 부자가 무슨 비밀을 지킬 수 있겠나? 노예들이 이미 떠벌리고 있지 않다면 부자가 소유한 말, 아니면 개, 아니면 문설주, 아니면 조각상이 다 떠벌릴 걸세…. 그자가 자기 창문을 전부 판자로 막고 커튼을 치고 문을 잠그고 불을 다 끄고 손님을 모조리 돌려보내도 새벽이 되면 전날 밤 그자가 뭘 했는지 두 블록 아래에 있는 술집 주인이 전부 다 알걸. 부자를 신나게 씹는 건 모두가 가장 좋아하는 취미 생활이지. 혀로 하는 채찍질이 주인의 채찍질을 되갚는 가장 좋은 방법이거든.

어쨌든 사거리에는 늘 행인들의 귀에 이야기를 쏟아 내는 술주정뱅이가 있는 법이지. 소문과 비밀은 어디에나 있다네. 자네가 입조심시켜야 할 사람은 내가 아니라 그들이야. 입방아는 괘념치 말게. 혀는 나쁜 노예의 맷돌이어서 온종일 쓰레기를 뱉어 내거든. 하지만 그중에서도 최악은 주인이 자기 하인들의 입방아를 피하지 못한다는 것이야. 험담은 노예들이 멍에를 다시 주인의 목에 거는 나름의 방식이지.

나에볼루스: 친구여, 현명하신 말씀입니다. 하지만 나는 이제 어디로 가야 할까요? 폭풍 같던 옛날과 과거의 헛된 희망에 발목이 잡힌 기분입니다. 계절처럼 인생도 우리의 작은 꽃송이를 서둘러 지게 하고, 우리가 화환을 쓰고 신나게 먹고 마시며 노는 동안 차갑고 시린 바람이 불어와 우리의 젊음을 작은 씨앗으로 되돌려 놓네요.

유베날리스: 염려하지 말게, 나에볼루스. 이 일곱 언덕이 우리 곁에 굳건히 버티고 서 있는 한 부자들은 계속 이곳에 모여들고 배는 매일같이 새 화물을 실어 올 테니까. 그나저나 자네 브라시카라는 식물을 씹어 봤는가? 몸에 열을 내준다네.

나에볼루스: 아아, 그건 다른 사람한테나 주세요, 유베날리스. 내 인생을 지배하는 운명의 여신들은 내가 거시기 덕분

에 배를 곯지 않는 것을 기뻐할 뿐이에요. 오, 가여운 내 가정의 수호신이여. 내가 그대를 위해 향을 피우지 않던가요? 그대를 화관으로 장식하고 곡식을 바치지 않던가요? 내가 늙고 나서 거지의 가랑이를 찾지 않아도 될 만큼 충분히 돈을 모을 수 있을까요? 아아, 작은 금 단지 하나, 아니면 은 접시 한 벌, 아니면 나를 어깨에 들쳐 메고 인파를 뚫고 지나갈 힘센 불가리아인 남자들의 가랑이를 원해요. 내 초상화를 그려줄 화가나 솜씨 좋은 판화가도 좋을 텐데. 신이시여, 제 작고 슬픈 기도를 들어주세요. 내가 이렇게 기도할 때마다 행운의 여신은 밀랍으로 자기 귀를 틀어막는 것 같아요.

결함을 예찬하다

키케로, 『신의 본성에 관하여』

키케로가 남긴 이 연설에는 눈이 사시인 로스키우스라는 배우에게 푹 빠진 한 정치인의 일화가 등장한다. 여기서 화자는 신이라는 주제에서 잠시 벗어나 인간의 사랑을 다룬다. 그러면서 아름다움을 인식하는 주관적 기준, 보통 결함이라고 여겨지는 것들—예를 들면 피부의 잡티 같은 신체적 특성—이 어떻게 우리가 욕망하는 매력이 될 수 있는지를 고찰한다. 우리를 그토록 아름답게 만드는 것이 우리의 결함이라면 어떻게 완벽한 인간의 형상을 떠올릴 수 있겠는가? 다음 일화는 문화적 이상이 사랑의 빛 아래에서는 거짓으로 판명될 수 있음을 보여 준다.

내가 자존감이 낮다고 생각하지는 마십시오. 그러나 나 자신에 대해 솔직하게 말해야 한다면, 나는 에우로파가 탄 황소만큼도 아름답지 않다고 말해야 할 것입니다. 그러나 지금 논제는 우리의 지성이나 웅변 능력이 아닌 우리의 외모입니다. 우리가 다른 이들의 신체 부위를 마음대로 조합해 스스로 원하는 외모를 만들어 낼 수 있다면 여러분은 인간과 물고기의 몸이 합쳐진 인어 트리톤처럼 보이고 싶겠습니까? 이 말이 내 주장을 그리 탄탄하게 뒷받침하지는 못할 것 같

군요. 어쨌거나 자연의 힘과 본능 때문에 인간으로 태어난 사람 중 인간이 아닌 다른 생물이 되기를 바라는 사람은 아무도 없습니다. 개미 역시 개미가 아닌 다른 생물이 되기를 바라지 않을 것이고요.

그렇다면 우리는 어떤 모습의 인간이 되기를 바랄까요? 아름다운 외모는 극히 드뭅니다. 예를 들어 내가 아테네에 있을 때는 훈련단의 각 사단에 아름다운 남자가 거의 한 명도 없었습니다. 아아, 여러분은 웃고 있지만 이것이 사실입니다. 어쨌거나 우리 중에 옛 철학자들의 허락을 받아 젊은 청년들과 즐거이 어울리는 사람들은 종종 그들의 결함까지

도 매력으로 느낍니다. "알카이오스는 연인의 손목에 있는 사마귀 하나까지도 감탄하며 바라본다." 사마귀는 외모상의 결함인데도 알카이오스는 그 사마귀가 아름답다고 생각한 것입니다. 우리 동료이자 친구의 아버지인 퀸투스 카툴루스는 동료 시민인 로스키우스를 무척이나 좋아했습니다. 실제로 그분은 로스키우스를 찬미하며 다음과 같은 시를 쓰기도 했지요.

언젠가 새벽에 밖으로 나가서
나의 신, 떠오르는 태양 앞에 기도하려고 멈춰 섰다—
그러나 내 눈에 보인 것은 나의 왼쪽에 서서
타오르는 햇빛을 받아 환히 빛나는 로스키우스였다.
전능하신 하늘의 신이시여, 그때 인간이 신보다
아름다워 보였다고 말하는 저를 용서하시옵소서.

연인을 낚는 방법

티불루스, 『애가』

티불루스의 『애가』에 실린 이 시의 도입부에서 화자는 남근의 신 프리아포스에게 어떻게 하면 아름다운 청년을 유혹할 수 있느냐고 묻는다. 화자는 마라투스라는 남자에게 푹 빠져 있는데, 마라투스가 아무런 반응을 보이지 않아 괴로워한다. 극심한 성욕으로 괴로워하는 화자는 프리아포스에게 조언을 구하고, 프리아포스는 청년들의 마음을 얻고 그들을 기쁘게 하는 방법, 최고의 사랑을 하는 방법을 알려 준다. 다층적으로 구성된 이 글은 나열과 어조의 변화를 통해 시간의 흐름과 노년의 시작을 한탄한다. 끝에서는 시를 찬미하며 사랑에 빠진 사람과 사랑의 아픔에 공감하는 너그러운 태도를 드러낸다.

"말해 주세요, 프리아포스. 그러면 작살 같은 뙤약볕과 칼날 같은 눈발이 당신의 머리 위에 내리꽂히지 않도록 나뭇잎으로 당신을 보호하겠습니다. 어떻게 소년들의 마음을 사로잡는 겁니까? 당신 수염에 윤기가 흐르는 것도, 머리칼이 단정한 것도 아닌데 말입니다. 나는 당신이 겨우내 벌거벗고 돌아다니고 시리우스 아래서 땅이 바짝바짝 마르는 여름에도 벌거벗고 돌아다니는 것을 보았습니다." 내가 이렇게 말하자 고추가 낫처럼 커다란 바쿠스의 촌뜨기 아들 프리아포스가 이렇게 대답했다. "이쁘장한 소년들을 섣불리 믿지 말게. 그들은 언제나 사랑이 무럭무럭 자랄 수 있는 집을 제공하거든. 어떤 소년은 말의 고삐를 쥐는 모습으로 그대를 기쁘게 할 걸세. 어떤 소년은 수영할 때 새하얀 가슴팍이 물을 가르는 모습으로 그대를 기쁘게 할 거고. 또 어떤 소년은 용맹함으로, 어떤 소년은 아이처럼 양 볼을 붉히는 겸손함으로 그대의 시선을 사로잡을 테지. 그러나 그들이 거부한다 해도 포기하지 말게. 시간이 지나면 결국 그들의 목에 멍에를 씌울 수 있을 테니까. 사자도 길들어 인간의 친구가 되고, 물도 오랜 세월에 걸쳐 거친 바위를 매끈한 조약돌로 만들지 않나. 햇볕은 계절에 따라 포도알을 달콤히 여물게 하고, 한 해는 서서히 흐르며 하늘의 별자리를 뱅글뱅글 돌리지. 그리고 언약을 두려워하지 말게. 사랑의 위증은 무죄니까. 언약은 바람에 휩쓸려 바다 위에 흩날린다네. 요베가 그렇게 사랑의 약속을 파기하기 때문에 어리석은 인간은 순간의 열정에 사로잡혀 무엇이든 약속할 수 있지. 디아나도 공범이야. 디아나는 자기 화살로 후환 없이 사랑을 약속하게 해줄 걸세. 미네르바도 자기 머리칼을 내어 줄 거고. 하지만 서둘러야 하네. 늦장 부리면 전부 사라질 테니까. 청춘의 활기는 순식간에 스쳐 지나가고, 시간은 되풀이되거나 되돌아오지 않아. 이 땅도 마찬가지로 별안간 보랏빛을 잃어버리지 않나. 포플러나무도 추위가 찾아오면 나뭇잎을 떨구지. 한때는 출발선에서 화살처럼 튀어나와 우승을 거머쥔 말도 나이 들어 쇠약해지면 버려지고 만다네. 나는 젊음을 낭비한 것을 후회하며 미래를 두려워하는 청년들을 많이 만나 봤어. 신들은 잔혹해. 뱀은 허물을 벗고 다시 젊어질 수 있지만 운명의 여신들은 인간에게 그런 온정을 베풀지 않아. 오직 바쿠스와 포이보스만 영원한 젊음이라는 상을 받았지. 틀림없이 자네는 사랑하는 소년에게 자신을 다 내어 줄 걸세. 어쨌거나 사랑은 복종을 통해 가장 큰 결실을 거두니까. 만일 소년이 타는 듯 더운 여름에 수 킬로미터를 걷자고 하면 그대는 그렇게할 걸세. 무지개가 뜨고 하늘이 연보랏빛으로 물들며 폭풍우가 들이닥친다 해도 말이야. 만일 소년이 바다의 높은 파도를 건너고 싶어 하면 그대는 소년을 위해 배에 올라타 노를 저을 거야. 미숙한 그대의 손에 못이 박히더라도 그대는 오로지 '예스'만을 말할 걸세. 만일 소년이 깊은 협곡에 숨어 동물을 사냥하자고 하면 그대는 어깨에 그물을 둘러멜 거야. 그리고 만일 소년이 검술을 연습하며 놀고 싶어 하면 소년이 승리할 수 있도록 설렁설렁 받아치며 이따금 무방비로 옆구리를 내주게. 그러면 결국 소년은 다정해질 거야. 그때 잽싸게 키스를 해 버려. 소년은 처음엔 저항할지 몰라도 결국 자네를 내버려 둘 테고, 이내 태연하게 먼저 자네에게 키스하고 그 자그마한 두 팔로 자네의 목에 매달릴 걸세. 그러나 이

지독한 시대는 선물을 바라는 소년들을 낳았다네. 사랑을 사고파는 방법을 처음 가르친 사람은 무거운 돌로 뼈를 으스러뜨려야 해. 사랑에 필요한 것은 선물이 아닌 뮤즈와 시인이야. 시의 운율은 니소스의 머리카락을 연보랏빛으로 유지하는 마술을 부리지. 시가 없다면 펠롭스의 다친 어깨도 상아로 메꿀 수 없었을 거야. 이 땅에서 참나무가 자라고 강이 흐르고 하늘이 별들을 소중히 간직하는 한, 뮤즈가 노래하는 인물은 영원히 살아갈 걸세. 뮤즈의 음악을 이해하지 못하고 돈에 사랑을 파는 자들은 이다산에 사는 옵스의 마차에 매달아서 사지가 끊어질 때까지 300개 도시 위를 질질 끌고 다녀야 해. 너그러운 베누스는 사랑으로 만신창이가 된 이들에게 자리를 내어 준다네." 이것이 바로 프리아포스의 대답이었다. "베누스는 사랑을 갈구하며 훌쩍훌쩍 울고 괴로워하는 이들을 가장 밝게 비추지."

디오니소스와 프로심노스

알렉산드리아의 클레멘트, 「그리스인에게 하는 권고」

이 단편적인 이야기는 일부 그리스 작가가 짧게 언급했을 뿐 자세히 기록된 적은 없다. 디오니소스는 하데스에 있는 어머니 세멜레를 찾고 있다. 어머니를 구해 오고 싶지만 지하 세계로 어떻게 내려가는지 모른다. 여기서부터 약속과 욕망에 관한 기이하고 이상하게 감동적인 이야기가 펼쳐진다. 이 이야기는 고대 알키오니아 호수에서 열린, 형언하기 힘든 여러 야간 의식의 기원이 된 것으로 알려져 있다. 이 일화를 전한 저자이자 초기 기독교 신학자였던 알렉산드리아의 클레멘트가 이교도의 평판을 떨어뜨리려고 이 글을 썼다는 말이 있다. 어쩌면 그는 이교도가 자기 욕정을 통제하지 못한다고 넌지시 이야기하고 싶었는지도 모른다. 솔직히 기괴한 이야기이긴 하지만 내 눈에는 그리 저속해 보이지 않는다. 오히려 일종의 성적인 내세를, 무덤 속에서 연인의 감각을 되살리고 싶은 사람의 강렬한 상상 속 세계를 묘사하는 것처럼 느껴진다.

축제의 신 디오니소스는 하데스로 내려가고 싶은 마음이 간절했지만 방법을 알지 못했다. 그는 알키오니아 호수 옆에서 자신을 도와주겠다는 프로심노스라는 이름의 목동을 만났다. 프로심노스는 본인이 직접 노를 저어 디오니소스를 호수 한복판으로 데려가 하데스로 내려가는 입구를 알려 주겠다고 했다. 그러나 그는 그 대가로 디오니소스에게 바라는 것이 있었다.

누군가는 그것을 남부끄러운 짓으로 여겼을지도 모르지만 디오니소스는 그렇지 않았다. 그는 거리낌 없이 요구에 응했다. 그는 이렇게 말했다. "내가 하데스에서 돌아오면, 약속하건대 나와 사랑을 나누게 해 주겠네."

그렇게 프로심노스는 디오니소스를 하데스의 입구로 안내했고, 디오니소스는 어머니 세멜레를 찾아 지하 세계로 내려갔다. 그러나 목표를 이루고 하데스에서 돌아온 디오니소스는 호숫가 그 어디에서도 프로심노스를 찾지 못했고, 결국 그가 죽었음을 알게 되었다. 디오니소스는 슬픔과 욕망에 휩싸여 어찌할 바를 몰랐다. 그는 프로심노스의 무덤으로 달려가 그 앞에 무릎을 꿇고 앉았다. 자신을 도와준 잘생긴 목동에게 한 맹세를 어떻게 지킬 수 있을까?

그때 디오니소스는 무덤에서 자라난 무화과나무를 발견하고 가지를 하나 꺾었다. 그리고 단검을 꺼내 조심스레 완벽한 남근의 형태로 깎은 뒤, 눈을 감고 이 나무로 환생했을지 모를 프로심노스를 떠올렸다. 그는 고동색 나무로 만든 남근을 집어 들고 목동의 무덤 위에 누웠고, 남근을 몸속에 집어 넣어 맹세를 지켰으며, 그러는 내내 프로심노스를 생각했다.

연애 사건

위 루키아노스, 『아모레스』

『연애 사건』이라는 제목으로도 알려진 『아모레스』는 대화체 작품이다. 이 작품의 저자가 정말로 시리아의 풍자 작가였던 루키아노스인지 아닌지 확신할 수 없기에 학자들은 보통 저자를 '위(僞)루키아노스'라고 칭한다. 『아모레스』는 경연 문학 장르에 속한다. 먼저 리키노스와 테옴네스투스가 토론을 시작하고, 두 번째 대화에서 칼리크라티다스와 카리클레스가 등장해 토론을 이어가면서 여자들의 사랑과 소년들의 사랑을 비교한다. 결국 이들은 소년들의 사랑이 가장 고결하고 바람직한 사랑이라고 결론 내린다.

이 글 바로 앞에서 리키노스는 '여자들과 결부되는 악'을 이상적인 소년의 순수하고 고귀하며 정숙한 태도와 비교하면서 여성 혐오의 토대 위에서 소년의 삶을 낭만화한다. 리키노스의 연설에서 여성은 수상쩍고 변덕스러운 존재이며 경멸이 담뿍 담긴 어조로 묘사되는 한편, 청년 남성의 삶과 그들의 사랑은 진실하고 신성하며 지혜로운 것으로 그려진다. 남자들의 동성애와 우정은 여자라는 오점이 없기에 가장 순수하고 그러므로 가장 훌륭한 것이라는 편견은 앞에서도 이미 만난 적이 있다. 이러한 편견은 시로 묘사된 퀴어 사랑조차 배제에 기반한다는 사실을 드러내는 적절하고도 엄중한 경고로 이해해야 한다.

실로 이 글은 우리에게 과거와 대화를 나누라고 요청하는 듯 보인다. 화자는 오레스테스와 필라데스의 사례를 통해 퀴어 사랑의 역사적 선례를 탐구하면서 고대에서조차 과거 영웅들의 이야기 속에서 동성애의 정당성과 문화적 타당성을 찾았다는 깨달음을 준다.

소년은 해가 뜨면 자리에서 일어나 맑고 차가운 물로 눈에서 지난밤의 잠을 씻어 냅니다. 셔츠와 겉옷을 단단히 동여맨 뒤 고개를 숙인 채 아버지의 집에서 나오고, 길거리에서 옆을 지나치는 사람과 눈을 맞추지 않으려고 고개를 계속 숙인 채 걸어갑니다. 수행원과 가정교사가 각자 소년을 남자로 성장시킬 미덕의 도구를 들고 소년의 뒤를 따릅니다. 그 도구는 빗이라는 허영심 강한 도구도 아니고, 예술가 없이도 보이는 것을 그대로 재현하는 거울도 아닌, 글을 쓸 수 있는 서판과 옛이야기가 담긴 책, 음악 교사를 만나는 날에 필요한 잘 조율된 리라입니다.

열심히 철학을 배우고 지성을 훈련하며 그날의 고된 수업을 차례로 끝마친 후에는 신체 훈련에 돌입합니다. 이 소년은 테살리아의 말을 좋아하기 때문이지요. 망아지를 길들이듯 자기 자신을 길들인 후에는 여러 전쟁 기술을 평화롭게 연마하며 창을 최대한 멀리 던지거나 비스듬히 날리는 솜씨를 갈고닦습니다. 그러고 나서는 레슬링 학교에서 땀으로 번들거리는 시간을 보냅니다. 아직 성장 중인 소년의 탄탄한 육체는 정오의 태양 아래 환히 빛납니다. 먼지가 소년의 몸에 내려앉고, 그 위로 땀이 흐릅니다. 소년의 몸이 다른 소년의 그을린 피부 위에 포개집니다.

그 뒤로 소년은 목욕물에 뛰어들어 몸을 깨끗이 씻고 식사를 한 뒤 다시 공부를 시작합니다. 교사가 소년에게 역사에 관한 질문을 던질지도 모릅니다. 어떤 영웅이 이렇게 했고, 어떤 현자가 이러저러한 말을 했지? 옛날에 정의와 절제를 소중히 여긴 사람은 누구였지? 이러한 미덕이 소년의 자라나는 영혼을 맑게 씻어 환히 빛나게 하고 좋은 자양분이 되어 줍니다. 그리고 밤이 되면 소년은 휴식을 취하고 힘든 노력 끝에 얻어 낸 달콤한 잠에 빠져듭니다.

이런 청춘과 사랑에 빠지지 않을 수 있는 사람이 있을까요? 이런 소년을 거부할 만큼 눈에 뵈는 것이 없고 신체 감각이 마비된 사람이 있을까요? 레슬링 학교에서는 헤르메스같고, 아폴론처럼 리라를 켜며, 카스토르처럼 말을 타는 소년을 감히 누가 사랑하지 않을 수 있을까요? 이처럼 필멸할 운명이면서도 매일 신과 같은 미덕을 기르기 위해 부단히 노력하는 사람이라고요? 나라면 그 소년의 곁에 앉아 그 아름다운 목소리를 듣고 소년과 함께 세상으로 나가 언제나 그의 삶을 함께하게 해 달라고 평생 신에게 간청할 것입니다. 그러한 연인이 청춘에서 노년에 이르기까지 변덕스러운 운명의 여신이 던진 덫에 걸리지 않고 평생 슬픔 없이 살아갈 수 있기를 바란다 해도, 그 누구도 나를 비난할 수 없을 겁니다. 그러나 소년의 몸이 무릇 몸에 일어나는 일을 겪어야 한다면, 즉 언제든 질병이 그를 덮쳐야 한다면 나는 소년의 곁에 있을 것이고, 소년이 폭풍우 몰아치는 바다를 항해해야 한다면 나는 사슬로 내 몸을 소년의 몸에 묶을 것입니다. 소년의 적은 전부 나의 적이 될 것이고, 소년의 친구는 전부 내 소중한 친구가 될 것입니다. 길가의 도둑이나 폭도가 소년을 공격한다면 나는 굳은 마음을 먹고 무슨 일이 있어도 소년을 지킬 것이고, 제발 그런 일이 없기를 바라지만 만일 소년이 죽어야 한다면 나는 그 없는 삶을 견딜 수 없을 것입니다. 나의 뼈가 소년의 뼈와 나란히 누일 수 있도록, 우리 몸의 재가 영원히 함께할 수 있도록, 사랑하는 모든 이에게 우리를 같은 곳에 묻어 달라고 말할 것입니다.

내가 이런 말을 하는 최초의 인물은 아닙니다. 모든 지혜로운 영웅이 이것을 자기 원칙으로 삼았고, 많은 경우 그들의 유언이 친구 간의 사랑을 증명하지요. 예를 들어 오레스테스와 필라데스는 겨우 젖먹이 아기일 때 포키스에서 친구가 되었습니다. 사랑의 신이 맺어 준 두 소년은 같은 배를 타고 인생을 항해했습니다. 두 사람 모두 아가멤논의 아들인 것처럼 함께 클리타임네스트라를 죽였고, 힘을 모아 아이기

스토스를 살해했습니다. 복수를 다짐하는 자들이 오레스테스를 저주했을 때 필라데스는 괴로워했고, 오레스테스가 재판받을 때 그의 곁에 있었습니다. 두 사람이 헬라스를 떠나 스키티아로 향할 때도 그들의 사랑은 굳건했고, 둘 중 한 명이 다치면 다른 한 명이 친구를 보살폈습니다. 두 사람이 타우리 땅에 도착했을 때 분노의 여신이 이방인인 그들을 맞이하려고 기다리고 있었고, 현지인들이 두 사람을 둘러싸고 격노하여 오레스테스를 땅바닥에 내리꽂았을 때, 필라데스는

"오레스테스의 입에 묻은 거품을 닦아 내고 그의 부드러운 몸을 쓸어내리며 화려한 망토로 그를 감쌌습니다."

필라데스는 오레스테스에게 연인이자 아버지가 되어 주었습니다. 둘 중 한 명은 목숨을 내놓고 다른 한 명은 미케네에 가서 편지를 전해야 하는 상황이 닥치자 두 사람 모두 친구 없이는 살 수 없다는 생각에 자신이 아닌 친구의 목숨을 살려 달라고 애원했지요. 그러나 오레스테스는 필라데스가 편지를 전해야 한다고 말하며 편지 맡기를 거부했고, 이로써 자신이 사랑을 받는 사람이 아닌 주는 사람이라는 사실을 증명했습니다.

"필라데스가 죽으면 내 마음이 찢어질 것이기 때문입니다.

운명의 여신의 손에 고통받는 사람은 내가 되어야 합니다."

오레스테스는 이내 다시 이렇게 말합니다.

"필라데스에게 편지를 주세요. 나는 아르고스에 내 사랑을
보내겠습니다. 필라데스는 나보다 오래 살 것입니다. 그러
기 위해서라면 누구에게든 내 목숨을 내놓을 수 있습니다."

이런 일은 왕왕 있습니다. 어린 시절 우리 안에 태어난 사랑
이 성장하며 성숙하고, 이성적인 판단력으로 굴절되고, 우리
가 사랑하는 사람이 그 사랑을 되돌려 주면, 완벽한 시기에
우리는 서로를 비춰 주는 맑은 거울이 되고, 그 사랑의 근원,
그 빛과 영상은 서로 떼어 놓을 수 없게 됩니다. 이것이 신들
에게 물려받은 것이며 가장 오래된 역사에서 이어져 내려온
것일진대, 왜 우리는 이것이 오늘날에 생긴 방종이라고 말하
는 것일까요? 우리는 이렇게 귀한 선물을 받은 것을 기뻐해
야 합니다. 가장 경건하고 열린 마음으로 그 성소를 찾아가
야 합니다. 옛말마따나,

"아름다운 소년과 탁월한 준마를 가진 사람은 축복받은 것
입니다. 노인은 청춘에게 사랑받을 때 가장 편안하게 나이
들 수 있습니다."

피티아 여사제가 앉았던 델포이 신전에서 소포클레스의 가르침을 높이 평가하고 "이 세상에서 소크라테스가 가장 현명하다"는 신탁이 내려온 것도 전혀 놀랄 일이 아닙니다. 소크라테스는 수많은 미덕을 발견하며 긴긴 세월 지혜를 되살려내는 가운데, 소년들의 사랑이 가장 큰 축복이라고 말하지 않았습니까?

그러니 소크라테스가 알키비아데스를 사랑한 것처럼 우리도 젊은이들을 사랑해야 합니다. 연장자가 아버지처럼 어린 연인을 데리고 한 망토 아래서 동침하는 거지요. 이제 모두가 마땅히 새겨들어야 할 칼리마코스의 명언을 소개하며 연설을 마치겠습니다.

"갈망하는 눈으로 소년들을 바라보는 그대여, 에르키우스의 말대로 젊은이를 사랑하기를. 그리하여 그대들의 도시가 축복받을 수 있도록."

그러니 청년들이여, 이 교훈을 마음에 새기고 사려 깊은 태도로 고결한 남성에게 다가가십시오. 빠른 만족을 위해 그 안에서 자라날 수 있는 사랑을 내던지지 마십시오. 그리고 성숙해질 때까지 섣불리 애정을 표하지 말고, 신성한 사랑을 숭배하며 평생 그 사랑을 간직하십시오. 우리 중에 이런 사랑을 하는 이들은 양심에 오점을 남기지 않을 것이며, 더 달콤한 인생과 함께 죽고 나서도 달콤하고 빛나는 명성을 누릴 것입니다. 우리가 철학자들의 말을 곧이듣는다면, 천국에는 이런 사람들을 위한 장소가 마련되어 있고, 순수한 마음과 순수한 사랑의 전력을 지니고서 죽음의 문을 통과하는 자는 영원히 불멸할 수 있기 때문입니다.

키스를 멈추지 않을 거야

테오그니스, 『애가』

테오그니스—기원전 6세기의 그리스 시인—의 서정시는 두 권으로 나뉘어 있다. 제2권에 실린 시 164편은 대개 동성애가 주제이며, 아름다운 소년에게 바치는 시이거나 사랑의 고통과 기쁨을 노래한다. 학자 K. J. 도버는 아마 중세 시대에 테오그니스의 작품이 두 권으로 나뉘었고, 그때 강렬한 동성애 감정을 노래한 시가 정직함과 진실함의 미덕을 다룬 다른 시들과 분리되었을 것이라고 말한다.

이 시에서 테오그니스는 사랑하는 아름다운 소년에게 말을 건다. 그는 소년에게 자신을 불쌍히 여겨 달라고, 자신의 고통스러운 욕망을 달래 달라고 부탁한다. 짝사랑의 애절함과 놀랍도록 여린 마음을 다룬 이 시는 타인을 향한 갈망에 사로잡혔을 때 몸에서 느껴지는 특수한 고통을 생생하게 묘사한다.

나의 소년이여, 아프로디테가 그대에게
매력이라는 축복을 내리고
그대의 불꽃에 이끌려 모든 남정네가 몰려들게 하셨으니
잠깐만 내 말을 들어 봐요. 사랑은 무거운 짐이고,

오로지 그대만이 그 짐을 가볍게 할 수 있답니다.
아름다운 아프로디테와 같은 그대여, 내 사랑은 고통이에요.
오로지 그대만이 이 아픔을 치료하고, 환히 비추고,
내게 다시 행복을 안겨 줄 수 있어요. 나를 데려가세요.

한 시간이라도 좋아요. 그리고 다시 태어난 나를 지혜로운
일상으로 돌려보내 줘요. 그대의 얼굴이 내 앞에 있는 한
키스를 멈추지 않을 거예요. 키스가 죽음을 의미한다 해도
나는 절대로 멈추지 않을 거예요.

나를 치유하는 건 멋진 일일 거예요.
나는 그대를 사랑하니까 이렇게
부탁할 자격이 있어요. 언젠가는 당신이
아름다운 소년 앞에 무릎 꿇게 될 거예요.

그대는 머리에 제비꽃을 단 소년 앞에서
사랑을 갈구하겠죠. 그리고 소년이 사랑을 주면
행복할 거예요. 아름다운 그대여,
행복하게 사랑하는 이들은 모두 행복하지요.

그들은 집으로 돌아와 아름다운 소년 곁에서
온종일 뒹군답니다.

파이드로스와 소크라테스

플라톤, 『파이드로스』

플라톤의 『파이드로스』에서 가져온 이 서정적이고 리듬감 있는 글에서 소크라테스는 사랑의 광기에 대해 연설한다. 『향연』처럼 이 글도 대화체로 쓰였으며, 이번 대화의 참여자는 파이드로스와 소크라테스다. 이 글의 앞부분에서 소크라테스는 환생에 관해 설명한다. 그러면서 영혼은 날개가 자라 결국 처음 떠나온 곳으로 되돌아간다고 말한다. 우리는 사랑에 빠지면 이 땅에 있는 신성한 아름다움에 마음을 빼앗기고, 그 결과 잃어버린 날개가 다시 자라기 시작한다. 여기서 플라톤은 (소크라테스의 연설을 통해) 두 남성의 사랑을 사례로 든다. 다음 글은 말과 마부의 이미지를 통해 절제와 욕망 사이의 팽팽한 긴장, 사랑에 빠진 연인 사이의 경쟁을 묘사한다. 신중하게 고른 긴 문장으로 이루어진 이 글은 사랑의 엄청난 에너지를 통제하려는 노력을 포착함으로써, 사랑 자체에 내재한 아름답고도 뒤틀린 긴장감을 선명하게 드러낸다.

   이제 소년은 마치 신이 된 것처럼 자신을 사랑하는 남자에게 온갖 친절과 도움을 받으므로, 그리고 그 남자는 진심으로 사랑에 빠져 있으므로, 그리고 소년은 자신을 성심성의껏

받드는 남자의 따뜻한 마음과 애정을 느끼므로, 한때는 나이 많은 남자에게 넘어갔다며 친구들에게 놀림받고 연인을 밀어냈을지 몰라도, 시간이 흐를수록 앳된 정신과 운명의 손에 이끌려 남자의 품속에 안기게 된다네. 어쨌거나 악은 절대 악의 친구가 될 수 없고 선은 언제나 선의 친구가 되는 것이 운명의 법칙이거든. 결국 이렇게 넘어간 소년이 다정히 연인의 곁에 머물며 말동무가 되어 주면 남자는 깜짝 놀란다네. 이렇게나 선하고 신처럼 완벽하고 생명력 넘치는 소년은 누구란 말인가? 남자는 그 어떤 친구도, 심지어 가족도 이 소년과 함께 있는 것만 못하다고 생각하기 시작한다네.

두 사람이 점점 친밀해지다가 어느 날 체육관이나 평범한 모임에서 남자가 소년에게 가까이 다가가면, 가니메데스와 사랑에 빠진 제우스가 '욕망'이라 이름 붙인 맑은 샘물이 분수처럼 남자에게서 터져 나온다네. 그중 일부는 남자에게 흘러들고, 남자의 몸이 가득 차면 그중 일부는 남자의 몸 밖으로 흘러넘치지. 그리고 메아리나 바람이 매끄러운 표면에 반사되어 원래의 자리로 되돌아가듯이, 이 아름다움의 물길도, 영혼의 입구인 눈을 통해, 욕망을 불러일으킨 소년에게로 되돌아간다네. 그렇게 물길이 되돌아오면 소년은 마음이 들뜨면서 깃털이 빠진 곳에서 다시 날개가 자라나고, 곧 소년의 영혼도 사랑으로 가득 차게 되지.

소년은 사랑에 빠지지만 자신이 누구를 사랑하는지는 모

른다네. 그래서 어쩔 줄을 모르지. 자신에게 무슨 일이 벌어진 건지 알지도 못하고 설명하지도 못해. 자기도 모르게 전염병에 걸린 사람처럼 자신이 연인을 바라보고 있을 때 마치 거울을 보듯 자기 자신을 바라보고 있다는 사실을 이해하지 못하지. 오로지 연인과 함께 있을 때만 고통이 가라앉고, 곁에 연인이 없으면 온몸이 갈망으로 가득해지고 연인도 그를 갈망하게 돼. 소년은 자기 사랑이 마치 연인의 사랑과 같은 모습으로 자신에게 되돌아오는 것을 느낀다네. 그러나 소년은 이 감정에 제대로 된 이름을 붙이지 못해. 소년은 이것이 사랑이 아니라 우정이라고 믿지.

소년의 욕망은 자기 연인의 욕망과 비슷하지만 그만큼 강렬하지는 않다네. 소년은 연인을 만나고, 그를 만지고, 그에게 키스하고, 그와 함께 누울 수 있기를 간절히 바라고, 머지않아 실제로 그렇게 되지. 두 사람이 나란히 누웠을 때 연장자의 제멋대로 날뛰는 말이 마부에게 무언가 말하려 한다네. 말인즉슨, 자신이 평소 여러 어려움을 겪고 있으니 그 보답으로 약간의 쾌락을 원한다는 거야. 소년의 제멋대로 날뛰는 말은 잠자코 아무 말도 없지만, 욕정이 차올라 연인을 끌어안고 키스하며 가장 친한 친구에게 하듯 그의 몸을 어루만지지. 두 사람이 나란히 누워 있을 때 소년은 연인의 그 어떤 몸짓도 거부하지 않아. 그러나 겸양과 이성의 힘이 작용하며 자신의 충동에 저항하지.

마음의 더 이로운 부분, 즉 우리를 질서 있는 철학적 삶으로 이끄는 부분이 우세하면, 두 사람은 자신의 주인이 되어 이 땅에서 조화롭고 행복한 삶을 살며, 영혼에 악을 들여보내는 부분에 저항하고 선함 앞에 영혼을 활짝 열어 놓는다네. 그리고 두 사람이 죽으면 몸에 달린 날개로 가볍게 날아올라 진정한 올림픽 경기에서 승리를 거두게 되지. 그 어떤 인간의 지혜도, 신이 불어 넣은 그 어떤 영감도 인간에게 이러한 축복은 줄 수 없다네.

그러나 만일 두 사람이 이만큼 고결하지 않은 삶을 선택하고 지혜를 향한 사랑이 아닌 명예를 향한 사랑에 전념한다면, 술에 취하거나 조심성을 잃었을 때 둘의 마음속에서 제멋대로 날뛰는 그 두 마리의 말이 빈틈을 노려 둘을 장악한 뒤 많은 이들이 높게 평가하는 지복을 향해 둘을 데려갈 걸세. 일단 상황이 이렇게 되면 두 사람은 같은 행위를 반복할 것이네. 그러나 때로는 그 빈도가 줄어들 텐데, 온 마음에서 뿜어 나오는 축복을 받지는 못한다는 것을 스스로 알기 때문이지. 두 사람은 평생 친구로 살아가겠지만 이들의 관계는 앞서 말한 연인의 관계만큼 고결하지는 않다네. 두 사람은 서로 사랑하는 동안이나 사랑이 지나간 뒤에도 자신들이 가장 굳건한 맹세를 주고받았으며 이 맹세는 절대 깨지지 않을 것이고 서로를 증오하게 되는 일은 절대 없으리라 믿는다네. 이들은 죽었을 때 몸에 온전한 날개는 달려 있지 않지만 자라다 만 작은 날개가 있기에, 이들 역시 사랑의 광기에 보답받아 어둠에 빠져들거나 땅 밑으로 내려갈 일은 없다네. 두 사람은 함께 여행하며 밝은 빛 속에서 행복하게 살다가, 사랑을 통해 날개가 생기면 서로에게 어울리는 깃털이 자라날 것이네.

이런 고결하고 신성한 축복은 연인 간의 우정을 통해 자네에게 찾아올 것이야. 이와 달리 사랑에 빠지지 않은 사람의 애착은 분별력과 합쳐져 여러 행동 규칙을 따르고 이 땅에서의 삶에 크나큰 이로움을 주지만, 이런 종류의 애착은 우리를 지상에서의 삶에 묶어 놓고 가능성을 제한해, 우리는 땅 위를 떠돌다 결국 9천 년간 땅 밑을 헤매게 될 것이네.

에필로그

루크 에드워드 홀

2015년에 내 작업 스튜디오를 차린 뒤로 다양한 프로젝트를 맡았다. 그중 두 손으로 셀 수 있는 것보다 더 많은 작품이 '고전'의 느낌을 풍겼고 명백히 퀴어한 분위기를 자아냈다. 영국 국립오페라단을 위해 디자인한 높이 18미터에 달하는 무대의 막에서는 전설적인 시인이자 음악가인 분홍빛 입술의 오르페우스가 보랏빛 숲속 공터에서 달빛을 받으며 바이올린을 연주하고 있었고, 그 옆에서 음악과 무용의 신인 아폴론이 황금빛 화살 아래 리라를 켜고 있었다. 여러 꽃병과 접시, 타일에 신화 속 야수와 신, 기둥과 페디먼트를 비롯한 건축적 요소를 그렸다. 포르투갈의 수영장 바닥에 춤을 추며 창을 던지는 운동선수들을 그렸고, 벨그레이비어에 있는 한 복도의 벽에는 사람들이 흥청망청 술 마시며 즐기는 신화 속 장면을 칠했다. 베네치아의 유명한 직물 브랜드인 루벨리와 협업하며 고전 세계와 관련된 다양한 직물을 제작했는데, 그중에는 하드리아누스 황제의 총애를 받은 안티노오스의 얼굴이 줄지어 늘어선 반짝이는 천도 있었고, 통통한 빨간 장미와 반신상, 벌거벗은 조각상의 수채 스케치가 프린트된 리넨도 있었다. 이런 식으로 셔츠와 슬리퍼, 포도주 라벨을 디자인하고 아테네에서 전시회를 열었으며, 심지어 셔츠와 블레이저,

통 넓은 바지, 고리버들로 엮은 왕관으로 구성한 나의 졸업 작품 남성복 컬렉션에 아이올리스 목동 왕의 이름을 따서 엔디미온이라는 이름을 붙이기도 했다. 이렇게 긴 목록을 언급한 것은 내가 고전의 신화와 마법에 얼마나 푹 빠져 있는지를 드러내기 위해서다.

어린 시절 나는 좋은 이야기를 사랑했다. 주문과 괴물을 사랑했다. 동굴과 부서지는 파도, 우뚝 솟은 산맥, 어두컴컴한 하늘을 갈망했다. 그러나 내가 살던 곳은 교외 주택지였다. 신화는 일종의 통로가 되어 나를 다른 세상으로 데려갔다. 특히 그리스·로마 신화가 나를 사로잡았다. 영웅들과 사냥꾼, 왕자, 하늘을 나는 말, 죽음과 복수, 마술과 신전! 아아, 그 흘러넘치는 아름다움.

그때나 지금이나 내가 고전 세계에 심취하는 크나큰 이유가 퀴어 등장인물 때문이라는 사실은 굳이 말할 필요도 없다. 나는 마법에 걸린 섬과 불가능한 여행, 바다 괴물도 좋아했지만, 말하는 켄타우로스보다 나를 더 놀라게 한 것은 (사랑에 빠진!) 게이 영웅들이었다. 어린 나는 아마 상세한 묘사를 이해하지 못했겠지만 자라면서 서서히 그 내용을 이해하게 되었고, 내 정체성을 고민하기 시작하면서 이 이야기들에서 위안과 안식을 찾았다.

고전 세계에서 퀴어 등장인물을 바라본 방식을 생각하면 무척 흥미롭다. 조이 슐츠는 자신의 에세이 「고대 신화에서 퀴어의 소속감 찾기」에서 "사람들은 퀴어인 신과 여신을 숭배했고, 그들의 정체성이 다르다는 사실은 혐오의 이유가 아닌 힘과 아름다움의 상징으로 여겨졌다"라고 말한다. 때때로 신화는 기괴하고 황당한 이야기로 치부되기도 하지만, 신화 연구에 따르면 이 이야기들은 사람들의 집단 무의식을 종합해 사회에 깊이 뿌리내린 믿음을 드러낸다. 이러한 신화는 퀴어들이 그 황홀한 다양성을 품고 언제나 이 세상에 존재해 왔음을 떠올리게 한다.

오래전부터 창작 활동에서, 또 개인적인 삶에서 신화가 내 마음을 울린 이유는, 그 이야기들이 환상적인 이미지와 더불어 내게 소속감을 제공했기 때문이다. 고전 신화의 세계를 발견하면서 내 안에 불이 붙었고, 그 불꽃은 지금도 계속 타오르고 있다. 실제로 그 불꽃은 이 책을 작업하는 동안 그 어느 때보다 더 환하게 타올랐다. 숀의 아름답고 생생한 번역과 함께 그림을 그리면서 이 이야기들이 여전히 놀라울 만큼 감동적이고 강렬하며 중요하다는 사실을 다시금 깨달았기 때문이다. 비록 수천 년 전에 쓰였지만, 이 이야기들은 오늘날에도 수많은 LGBTQ+에게 내가 느낀 것과 같은 깊은 소속감을 제공한다.

아가씨처럼 눈짓하는 소년이여,
애타게 불러도 너는 듣지 못하는구나―
아마 모르겠지,
네가 나의 영혼을 끄는 마부라는 것을.

아나크레온, 단편시 「360」

미의 여신이 낳은 아이, 흐르는 해의 귀염둥이 에우리알로스,
장미꽃밭에서 당신을 보살핀 것은 분명
에로스와 눈매가 선한 유혹의 신일 것입니다.

이비코스, 단편시 「288」

에로스는 다시 한번 내게 빛나는 공을 던지며
화사한 샌들을 신은 가냘픈 소녀와
함께 놀라고 내게 손짓했다―
그러나 레스보스에서 어여쁘게 자라난 그 소녀는
내 희끗희끗한 머리칼에서 고개를 돌리고
입을 헤벌린 채 감탄하며
다른 소녀를 멍하니 바라보았지.

아나크레온, 단편시 「358」

더 읽을거리

손의 추천

고대 그리스의 성생활*Sexual Life in Ancient Greece*

한스 리히트Hans Licht 지음, J. H. 프리즈J. H. Freese 옮김, Routledge, 2000

매우 흥미롭고 상세한 리히트의 이 책은 자위와 판타지, 축제, 성적인 게임 등 고대 그리스의 성생활을 다양한 측면에서 탐구한다.

고대 그리스와 로마의 여성 동성애
Female Homosexuality in Ancient Greece and Rome

상드라 뵈랭저Sandra Boehringer 지음, 애나 프레거Anna Preger 옮김, Taylor and Francis, 2021

프랑스에서 처음 출간되며 큰 스캔들을 일으켰던 뵈랭저의 이 책은 오비디우스와 플라톤, 마르티알리스의 필라이니스, 아나크레온의 젊은 레즈비언 등 본서에도 등장하는 여러 글과 등장인물을 생생하고도 예리하게 설명한다.

그리스의 동성애*Greek Homosexuality*

케네스 도버Kenneth Dover 지음, Harvard University Press, 1989

도버의 고전. 그리스의 시와 예술, 페티시, 판타지, 법규를 고지식함 없이 들여다보며 그리스 세계를 상세하게 이해할 수 있도록 돕는다.

그리스·로마의 동성애: 기초 자료집
Homosexuality in Greece and Rome: A Sourcebook of Basic Documents

토머스 K. 허버드Thomas K. Hubbard 엮음, University of California Press, 2003
짧은 노래 가사에서부터 연설에 이르기까지, 명쾌하고 예리한 해설과 함께 고전 세계의 동성애를 다룬 글들을 간결하게 망라한 훌륭한 자료집

로마의 동성애*Roman Homosexuality*, 제2판
크레이그 A. 윌리엄스Craig A. Williams 지음, Oxford University Press, 2010
로마의 동성애 연구를 감추는 '은폐 산업'에 대항해 권력관계와 남성성, 남성의 여성성, 고대의 정체성을 탐구한 훌륭한 연구서

섹스 온 쇼: 그리스와 로마의 성애 바라보기
Sex On Show: Seeing the Erotic in Greece and Rome

캐럴라인 바우트Caroline Vout 지음, British Museum Press, 2013
유물 사진과 함께 고대인의 성애적 시선을 깊이 탐구하며, 재현된 신체 형태와 자세에 깃든 문화적 코드를 흥미롭게 탐색한다.

루크의 추천

동성애에 관한 신화와 미스터리*Myths and Mysteries of Same-Sex Love*
크리스틴 다우닝Christine Downing 지음, Continuum, 1989
다우닝은 동성애를 바라보는 기존 관념에서 벗어나 여성 간의 사랑 및 남성 간의 사랑을 더욱 복합적으로 이해하고자 한다.

연인의 전설: 게이 그리스 신화*Lovers' Legends: The Gay Greek Myths*

앤드루 칼리마흐Andrew Calimach 지음, Haiduk Press, 2002

남자들의 사랑에 관한 그리스의 핵심 신화와 전설을 한데 모은 얇은 책. 제우스와 가니메데스, 헤라클레스와 힐라스, 아킬레우스와 파트로클로스가 전부 등장한다.

장 콕토: 퐁피두 센터 전시 도록

Jean Cocteau: Catalogue de l'exposition au Centre Pompidou

프랑수아 네메르François Nemer 기획, Centre Georges Pompidou, 2003

파리 퐁피두 센터에서 열린 장 콕토 전시(2002년 9월~2004년 1월)의 도록이자 안내서인 이 책은 내 스튜디오에서 내가 가장 좋아하는 손때 묻은 책이다. 신화를 담은 콕토의 드로잉과 벽화는 무한한 영감의 원천이다.

지중해의 유혹: 글쓰기와 예술, 동성애 판타지

The Seduction of the Mediterranean: Writing, Art and Homosexual Fantasy

로버트 올드리치Robert Aldrich 지음, Routledge, 1993

이 책은 유럽 문화에 속한 마흔 명의 인물을 탐구하면서 1750년대에서 1950년대까지의 동성애 글쓰기 및 예술에서 고대와 현대의 지중해가 중심 테마의 자리를 차지했음을 보여 준다.

피카소: 미노타우로스와 투우사*Picasso: Minotaurs and Matadors*

존 리처드슨John Richardson 기획, Rrizzoli, 2017

런던 거고지언 갤러리에서 존 리처드슨이 큐레이팅한 전시 〈피카소: 미노타우로스와 투우사〉를 기념하며 출간한 이 도록은 피카소의 투우 이미지가 1930년대 작품의 신화적·전기적 구성과 교차하는 지점을 탐구한다.

호메로스의 오디세이 *Homer's Odyssey*

사이먼 아미티지 Simon Armitage 각색, Faber & Faber, 2007

아미티지는 BBC 라디오의 요청을 받아 호메로스의 이 서사시를 연극 극본으로 탈바꿈했다. 그의 글은 재치 있고 유쾌하며, 내가 이 책의 그림을 그리는 동안 훌륭한 배경음악이 되어 주었다.

감사의 말

손 휴잇

꼼꼼하고 열정적으로 배의 키를 잡아 준 리처드 앳킨슨과 샘 풀턴, 마법처럼 디자인과 레이아웃을 짜준 아만딥 싱과 밀리 앤드루에게 감사를 전한다. 클레어 펠리그리는 예리하고도 너그러운 태도로 최종 텍스트를 교열해 주었다.

해나 애비게일 클라크는 새로운 원전을 발견하고 내가 그 글들을 파악할 수 있도록 돕는 매우 유용한 작업을 빈틈없이 도맡아 주었으며, 전문 지식을 바탕으로 수많은 책에서 원문을 옮기고 주석을 달아 주었다. 고전 문헌에서 발췌한 글을 검토하고 중요한 조언을 제공해 이 책의 형태를 짜는 데 큰 도움을 준 헨리 엘리엇에게도 감사를 전한다. 이 책의 아름다운 디자인은 짐 스토더트의 작품이며, 타린 존스와 조 하우즈가 제작을 맡아 주었다. 캠페인 팀의 맷 허친슨과 리즈 파슨스에게도 고마운 마음을 전한다.

자료 찾는 것을 도와주고 고대 지중해에 관한 이 방대한 문헌을 관리해 준 트리니티 칼리지 더블린의 사서들에게도 깊은 감사를 전한다. 오랫동안 내 대출 목록에 '남색'과 '섹스', '소년애', '에로틱'이라는 단어가 출몰했는데도 어느 분 하나 눈 깜빡하지 않았다.

강렬하고 아름다운 그림으로 영감을 불어넣어 준 루크 에드워드 홀은 말할 것도 없고, 나의 에이전트 매슈 말런드에게 크나큰 감사를 전한다.

루크 에드워드 홀

고대 세계의 동성애에 초점을 맞춘 대담하고 화려한 책을 만들어 보면 어떻겠느냐고 (우리의 공동 친구인 스카이 매캘파인을 통해―고마워 스카이!) 제안해 준 우리의 편집자 리처드 앳킨슨에게 감사를 전한다.

프로젝트를 착착 진행하고 초기에 아이디어를 이끌어 준 샘 풀턴에게도 감사를 전한다. 디자이너 짐 스토더트는 레이아웃을 맡은 아만딥 싱 및 밀리 앤드루와 함께 책을 환상적으로 디자인해 주었다. 펭귄의 홍보 마케팅팀 맷 허친슨과 리즈 파슨스에게도 고마운 마음을 전한다.

이 마법 같은 책을 보고 즉시 그림을 전시하자는 아이디어를 내준 아테네의 브리더 갤러리와 나디아 게라조우니에게 감사하다.

원문을 아름답게 번역한 숀 휴잇에게 특별한 감사를 전한다. 그의 번역은 종종 감동적이고, 때때로 웃기고, 이따금 충격적이었다! 생명력 넘치는 그의 글을 읽으며 매 단락에 덧붙일 그림을 그리는 것은 무척 기쁘고 떨리는 경험이었다.